Le vote électronique

Véronique Cortier
Pierrick Gaudry

Le vote électronique

Les défis du secret et de la transparence

Préface de Gérard Berry

Odile Jacob

Collection « Informatique et monde numérique »
dirigée par Gérard Berry

15, rue Soufflot, 75005 Paris

www.odilejacob.fr

ISBN : 978-2-4150-0220-6

Préface

---

par Gérard Berry,
professeur émérite au Collège de France,
médaille d'Or 2014 du CNRS

La numérisation du monde avance vite et dans de plus en plus de secteurs, chacun modifié en profondeur à son tour, ce surtout grâce aux nouvelles possibilités offertes par la généralisation progressive de l'accès à Internet. Un de ces secteurs, régulièrement discuté en particulier à l'approche de chaque élection nationale, est celui des systèmes de vote. Vote « électronique », c'est-à-dire par logiciels et télécommunications (principalement optiques et par radio d'ailleurs), ou pas vote électronique ? Ces discussions souvent enflammées ne reposent pas toujours sur des bases solides. Mais il faut dire que la question n'est pas simple, pour plusieurs raisons. D'abord, il n'y a pas un seul type d'élections mais plusieurs : les élections nationales, ce n'est pas du tout la même chose que les élections du conseil d'administration d'une petite association ou celles des représentants des salariés dans une entreprise. Ensuite, pour les élections majeures, les traditions électorales et façons de voter sont très différentes selon les pays. En France, sauf pour les municipales dans les petites communes, un bulletin ne comporte en général qu'un nom de candidat ou de liste. Aux États-Unis par exemple, c'est bien plus compliqué, avec des bulletins répondant à de nombreuses questions et très difficiles à dépouiller. En France, les votes de type national sont rares et les votes régionaux y sont souvent associés, alors qu'en Suisse ces derniers sont très nombreux, par exemple pour trancher des questions techniques dans un seul canton.

Les besoins et solutions potentielles sont donc très vastes. Pour choisir entre vote électronique ou classique, il faut d'abord savoir de quel type de vote on parle, car les contraintes peuvent être très différentes d'une élection à l'autre. Définir ces contraintes n'a rien de facile, et les satisfaire toutes en même temps peut même être tout à fait impossible. Enfin, si on décide après une vraie analyse d'utiliser tel ou tel système de vote électronique fourni par un industriel ou par un groupe de chercheurs, comment peut-on savoir s'il respecte bien toutes les contraintes souhaitées ?

C'est à toutes ces questions que répond précisément ce livre, écrit en direction du public général par deux chercheurs en sécurité informatique qui font partie des tout meilleurs spécialistes mondiaux du sujet, et spécialement de ses aspects cryptographiques. Ils y analysent et expliquent quelles sont les contraintes à satisfaire, comment elles s'articulent entre elles, quelles sont les diverses façons de les envisager, et comment réaliser des programmes informatiques auditables et vérifiables répondant du mieux possible, pour un besoin donné, à la question « Qu'est-ce qu'un bon système de vote ? ». Le lecteur sera probablement surpris de la difficulté de bien exprimer les nombreuses contraintes de sécurité et de transparence auxquelles on ne pense pas spontanément, de la richesse des solutions conceptuelles proposées selon les nombreux types de vote, du nombre d'ingrédients techniques et particulièrement cryptographiques qu'il faut développer sur les ordinateurs, et du fait que le vote électronique ne peut pas vraiment être utilisé à l'heure actuelle pour les grandes élections nationales comme les élections présidentielles en France.

La quantité de recherches qu'il a fallu pour parvenir à la situation actuelle, assez satisfaisante pour beaucoup d'élections à enjeu limité, est considérable. Il en faudra encore beaucoup pour passer à une échelle supérieure, et le sujet continuera à mobiliser beaucoup de chercheurs de premier plan. Mais deux points ne doivent jamais être oubliés. D'abord, choisir la forme même d'une élection a une forte action sur ses résultats. J'ai participé à bon nombre d'élections pour des nominations à des prix scientifiques, où la discussion commençait invariablement par la question de quel système de vote choisir : voter pour un seul candidat, ou par exemple pour deux prétendants à départager ensuite par un deuxième vote. Ma réponse était alors souvent simple : ça dépend de qui vous voulez élire, car le résultat dépend au moins autant de la composition du jury et du mode d'élection que de la valeur des candidats ! Ensuite, il est impératif de demander une transparence absolue au prestataire qui organise l'élection, allant de préférence jusqu'à la publication des spécifications exactes du mécanisme et de celle du code de tous les programmes informatiques, accompagnés de la description des infrastructures matérielles et logicielles sur lesquels ils sont exécutés. Ce n'est malheureusement pas encore fait en France (ça l'est davantage dans d'autres pays). J'en sais quelque chose, ayant participé à une élection électronique majeure dans un grand organisme français, qui fut rapidement annulée car les résultats donnés par le logiciel ne correspondaient même pas au nombre de votants dès les premiers tours de scrutin ! Heureusement, le livre montre aussi qu'il existe des systèmes libres d'accès qui respectent toutes ces contraintes, dont Belenios, celui des auteurs et de leur équipe.

Parlons maintenant des auteurs. En utilisant la logique mathématique, Véronique Cortier étudie les protocoles informatiques, c'est-à-dire les algorithmes et programmes qui permettent la coordination entre humains et machines ou machines et machines pour réaliser une tâche de façon fiable et sécurisée, par exemple un transfert d'information entre machines ou un vote électronique avec des acteurs distribués géographiquement. Elle participe aussi beaucoup à la vulgarisation de ces questions et de leurs réponses dans divers milieux. Pierrick Gaudry, davantage orienté vers les mathématiques et en particulier celles des grands nombres, étudie en particulier les aspects liés à la sécurité du chiffrement. Il a par exemple joué un rôle essentiel dans le cassage (universitaire) de protocoles Internet considérés auparavant comme sûrs, comme l'attaque Logjam sur un chiffrement trop faible mais encore présent sur Internet. Si cette attaque avait été détectée par des pirates et non par des chercheurs, elle aurait permis de pénétrer facilement près de 8,5 % du premier million de serveurs présents sur le réseau mondial !

Avec leur équipe du laboratoire Loria (CNRS/Inria) à Nancy, Véronique Cortier et Pierrick Gaudry ont construit le système de vote électronique Belenios, dont les algorithmes ont été mathématiquement vérifiés en machine grâce aux systèmes modernes de vérification logique, et dont les programmes informatiques sont entièrement publics. Belenios est actuellement considéré comme l'un des meilleurs au plan mondial. Il est utilisé dans de nombreuses institutions académiques et associations françaises ou étrangères pour des élections majeures, y compris dans des universités, au CNRS et à l'Académie des sciences.

Les questions liées aux votes électroniques ou non sont très importantes, mais subtiles. Le tour de force de leur livre est de les expliquer progressivement et clairement, ce qui le rend lisible par toute personne intéressée, même sans compétence préalable en informatique. Les questions sont abordées de manière très progressive : d'abord par une étude informelle des systèmes de vote existants, classiques ou électroniques, avec leurs avantages et leurs inconvénients ; ensuite, par une caractérisation claire et systématique des contraintes à satisfaire, ainsi que des conflits possibles entre elles pour chaque type d'élection. Puis par la présentation des méthodes informatiques modernes, utilisées par exemple dans Belenios. Revenant enfin sur l'utilisation des votes électroniques, le livre présente les réponses actuelles à la question que tout le monde se pose : quand et pourquoi est-il bon de passer à un vote électronique ? Il montre alors qu'il n'y a pas de miracle, même si les solutions actuelles sont satisfaisantes pour des élections relativement fermées. Le vote à l'urne transparente avec assesseurs indépendants a encore de beaux jours devant lui ! Et, quand un fabricant propose un vote électronique, il ne doit en aucun cas se reposer derrière le secret industriel en clamant que son système est fiable, sûr et correct. Comme déjà dit, les seuls garants de sa qualité doivent être la transparence des spécifications, des algorithmes et des programmes, avec de préférence leur vérification formelle. Belenios montre que tout cela est d'ores et déjà possible, en principe et en pratique.

CHAPITRE 1

Vote papier ou vote électronique ?

En avril prochain auront lieu les élections. Juliette est stressée. Elle se présente à la présidence de l'association dans laquelle elle s'investit depuis plus de dix ans. Mais l'équipe en place pousse vers des orientations dans lesquelles elle ne se reconnaît pas et elle a décidé de proposer un projet concurrent. Sera-t-elle soutenue par la majorité des bénévoles ? Le verdict des urnes est pour bientôt. Ah oui, en avril, il y aura aussi les élections présidentielles… Juliette fera son devoir et ira voter, mais ses pensées se concentrent sur son association.

Pour la première fois, les élections de l'association se feront par voie électronique plutôt que par correspondance. Juliette est légèrement inquiète. L'entreprise choisie déclare être conforme aux règles en vigueur, mais il faut la croire sur parole, car elle donne très peu de détails sur sa solution. Et Juliette n'est pas informaticienne, alors, même si on lui donnait toutes les informations, que pourrait-elle bien en faire ?

Pour ou contre le vote électronique ? Le débat revient périodiquement, en écho à l'actualité : une échéance électorale importante, ou à la suite de problèmes de sécurité révélés dans la presse. La question se pose aussi régulièrement lorsqu'un groupe politique propose des modifications du code électoral pour autoriser le vote électronique. En 2021, on a ainsi parlé d'introduire des *machines à voter** [1] comme une potentielle réponse sanitaire à l'épidémie de Covid-19, et le sujet est revenu cette même année à la suite d'une abstention record aux élections régionales et départementales. Le débat est légitime. Et difficile. Il mêle des arguments sur des aspects techniques complexes avec des critères d'appréciation de nature sociétale. Le vote électronique va-t-il permettre à plus d'électeurs de participer ou va-t-il au contraire empêcher certaines catégories de la population de voter ? Est-ce que mon vote peut être piraté ? Souhaite-t-on mettre en place une solution plus sûre mais au détriment de la facilité d'utilisation ? Le vote électronique modifie le rituel du vote à l'urne, tel qu'on l'a appris dès les classes de primaire. Est-ce que cela va modifier le sérieux et le choix des électeurs ?

Les positions sur le vote électronique sont souvent très tranchées, avec immanquablement des affirmations fausses voire absurdes. « Le résultat d'une élection électronique peut être modifié par des rayons cosmiques. » « La France, nation innovante, sait faire du vote électronique 100 % sécurisé. » « Grâce à la *blockchain**, le vote électronique est parfaitement transparent et fiable. » « Le vote par Internet n'offre aucune sécurité, contrairement aux machines à voter. » Que penser de tous ces arguments ? Ce n'est pas parce que le débat inclut des éléments techniques qu'il doit être laissé aux seuls experts. Au contraire, c'est aux citoyens et au législateur de définir ensemble

1. Les termes suivis d'un astérisque sont expliqués dans le glossaire en fin d'ouvrage.

ce qui est souhaitable, aussi bien en termes de sécurité que de fonctionnalité.

La petite histoire introductive illustre que ce débat se doit également d'avoir lieu pour des élections autres que les élections politiques. En effet, la transition vers le vote électronique est déjà largement entamée au sein d'associations ou de mutuelles, ou encore pour les élections professionnelles. Ce qui préoccupe Juliette, c'est une « petite » élection pour laquelle les exigences de sécurité seront certainement plus faibles que pour l'élection présidentielle qui aura lieu au même moment. Et, en effet, le nombre de personnes concernées et les enjeux du scrutin sont probablement trop minces pour qu'une attaque très coûteuse soit mise en œuvre. Il n'en reste pas moins que ces élections ont une réelle importance pour les personnes concernées, et qu'il est rarement acceptable de prétendre qu'aucune sécurité n'est nécessaire.

Le mythe du système 100 % sécurisé

La sécurité d'un système de vote électronique est la première question qui revient de la part de ses détracteurs, même si elle n'est évidemment pas la seule. Nous sommes habitués à rencontrer des logos ou des plaquettes clamant « 100 % sécurisé » sur divers sites Internet, contrastant violemment avec la litanie des cyberattaques relayées par les médias, y compris contre des entités dont on peut supposer qu'elles ont fait de gros efforts pour leur sécurité informatique. Ainsi, les hôpitaux font régulièrement l'objet d'attaques au « rançongiciel » : leur système informatique est paralysé par des pirates qui demandent le paiement d'une rançon, pour permettre la remise en marche du système.

La rançon est en général versée sous forme de bitcoin, une monnaie virtuelle plus difficile à pister qu'un virement bancaire. Si des hôpitaux ne parviennent pas à sécuriser leurs données et leurs logiciels, comment croire à un système de vote 100 % sûr ?

Pour Juliette, cette notion de sécurité semble d'ailleurs assez vague. Elle est « légèrement inquiète », mais on ne sait pas réellement ce qu'elle craint, et il est probable qu'elle n'ait pas les idées claires sur le sujet. Dans le contexte de son association, elle se moque certainement du secret de son vote : tout le monde sait ce qu'elle pense et ce qu'elle votera. C'est la fraude sur le résultat qui lui importe. Pour les présidentielles, c'est potentiellement l'inverse : elle semble aller voter sans avoir un avis très tranché sur les candidats. Mais il est fort probable qu'elle ne tienne pas à ce que ses voisins, sa famille, ses proches, connaissent ses opinions politiques. Inversement, un autre membre de l'association aura peut-être une lecture complètement différente de ce qui lui importe pour ces deux élections.

Poussons la paranoïa un cran plus loin que Juliette. La présidence d'une association donne souvent des possibilités permettant de « remercier » ceux qui ont « bien » voté. Par exemple, les membres du bureau du comité d'entreprise pourront obtenir la création et la subvention d'un club d'œnologie plutôt que de yoga, si telle est leur préférence. Ou encore, dans une association humanitaire, les proches du président pourront être prioritaires pour la prochaine mission à l'étranger financée par l'association, mission qui présente, souvent, un aspect touristique. Dit plus prosaïquement, l'*achat de vote** est un vrai sujet de sécurité pour de nombreuses élections. Le vote électronique, tout comme le vote par correspondance, est très exposé à ce risque. En effet, dans bien des systèmes de vote à distance, proposer son vote à la vente ou offrir d'acheter des voix ne nécessite guère de compétences techniques, puisqu'il suffit que le vendeur transmette son matériel de vote à l'acheteur.

À l'extrême inverse de technicité, si les élections présidentielles étaient organisées par Internet, il serait prudent d'imaginer un scénario où une grosse organisation mettrait en œuvre le déploiement à grande échelle d'un logiciel malveillant, en espérant infecter les machines de suffisamment d'électeurs pour influencer le résultat du vote. Une telle attaque se prépare des mois à l'avance, mais n'est pas à exclure si l'enjeu est grand.

Et le vote papier ?

Ces quelques exemples montrent que le risque lié au vote électronique est multiforme et peut provenir d'*attaquants** variés, y compris les électeurs eux-mêmes. Réfléchir à ce que devrait être un système idéal, 100 % sécurisé, permet de se rendre compte que nos usages traditionnels, bien avant le vote électronique, sont loin d'être parfaits. L'achat de voix n'est pas limité au scrutin par correspondance. En Bulgarie par exemple, l'achat de vote est pratiqué à une telle échelle qu'on considère que cela n'a plus d'impact sur les résultats car, d'après un correspondant local du *Monde* (article du 2 avril 2021) : « Tous les grands partis pratiquant l'achat de voix, leurs résultats s'annulent, sans qu'ils puissent pour autant prendre le risque de s'arrêter et de favoriser ainsi leur adversaire ! » Il s'agit pourtant de scrutins qui se déroulent dans des bureaux de vote physiques.

L'achat de vote est un premier exemple de risque lié à un système de vote, quel qu'il soit, mais il n'est pas le seul. Ainsi, lorsqu'un candidat est élu à l'unanimité, le secret de vote de tous les électeurs est perdu. Cette imperfection est parfaitement admise et elle n'est pas si rare. Ainsi, en examinant la publication des résultats des élections du premier tour des municipales de 2014 dans la région Grand Est, on relève que dix-neuf communes comptent moins de vingt électeurs inscrits. Et dans six communes tous les candidats ont été élus à l'unanimité des voix, sans aucune rature, ce qui représente un total de cinquante-huit électeurs dont le vote est connu de tous. De façon surprenante, cette perte de secret n'est pas intrinsèque à tout système de vote. Au contraire, il s'agit là d'un exemple où un système de vote électronique pourrait apporter une meilleure protection. Si le résultat attendu d'une élection n'est pas le nombre de voix pour chaque candidat, mais le nom du candidat qui a obtenu le plus de voix, alors un système de vote électronique pourrait ne dévoiler que celui-ci, et préserver ainsi le secret, même en cas d'unanimité. Si on souhaite un résultat plus précis, le système pourra révéler un intervalle (le candidat a été élu avec 70 à 80 % des voix), de manière à toujours préserver le secret en cas d'unanimité. On constate que la sécurité des systèmes de vote, pas seulement électronique, est difficile à obtenir !

Au-delà du secret, la sincérité du scrutin est une autre préoccupation majeure. À la suite d'affaires révélées dans la presse, certaines expressions sont d'ailleurs passées dans le langage courant, comme « faire voter les morts » ou encore « fraude à la chaussette ». Ainsi, la constitution des listes électorales et le dépouillement sont considérés comme deux points critiques pour la fiabilité du résultat.

Des fraudes spécifiques au vote électronique

Lorsqu'on passe à autre chose que le vote classique dans des bureaux physiques, les soupçons, voire les accusations de fraude peuvent exploser, qu'ils soient légitimes ou non. Les présidentielles aux États-Unis en 2020 ont été le théâtre de discussions sans précédent sur la validité du scrutin, remettant particulièrement en cause les votes par correspondance. Toujours aux États-Unis, l'utilisation de machines à voter étant très répandue, des problèmes de sécurité informatique sont régulièrement évoqués. À la fin des années 2000, un chercheur de l'université du Michigan, Alex Halderman, a montré qu'il était possible de modifier le programme des machines utilisées aux États-Unis de manière à changer les votes enregistrés. Pour démontrer à quel point ces machines étaient vulnérables, il a reprogrammé entièrement l'une d'entre elles de façon à permettre de jouer au fameux jeu vidéo PacMan. Chaque fois, il suffisait d'un accès physique à la machine pendant environ une minute, sans toucher aux scellés, pour insérer un composant qui en modifiait le comportement. Plusieurs modèles de machines ont fait les frais d'attaque, notamment les machines Sequoia AVC Edge et Diebold AccuVote-TS, ce qui n'exclut pas, bien sûr, l'existence de failles sur d'autres modèles. Ainsi les machines à voter utilisées en France sont des modèles antérieurs à 2008, qui n'ont fait l'objet d'aucune mise à jour du fait du moratoire sur ce procédé. Utiliser des machines anciennes, non mises à jour, est pourtant l'une des pires choses à faire en matière de sécurité.

Ces attaques ont été réalisées *in vitro*, et non lors d'un scrutin en cours, pour des raisons éthiques évidentes. L'objectif était de démontrer la faiblesse des machines, pas de frauder à une élection. À l'inverse, des résultats suspects ont été observés en 2018 dans l'État de Géorgie aux États-Unis (Ottoboni et Stark, 2019) lors de l'élection du gouverneur de l'État et de son second, appelé lieutenant-gouverneur. Cette élection opposait le futur gouverneur à une candidate noire et avait déjà suscité la polémique car des modifications des règles de contrôle des listes avaient exclu ou découragé des électeurs, majoritairement noirs. Les électeurs avaient la possibilité de voter à l'aide de bulletins papier, ou bien de machines à voter, notamment du modèle controversé Diebold AccuVote-TS. Dans ce type d'élections, les électeurs saisissent plusieurs choix : leur candidat favori pour le gouverneur, pour le lieutenant-gouverneur, ainsi que pour d'autres fonctions. Des chercheurs ont analysé les résultats de l'élection et ont relevé des anomalies. En comparant les bulletins provenant du vote papier avec ceux du vote machine, ils ont découvert qu'une proportion anormalement élevée de votants n'avaient pas exprimé de choix pour le lieutenant-gouverneur lorsqu'ils avaient voté à l'aide d'une machine alors que cette proportion était normale lorsqu'ils avaient utilisé des bulletins papier. Cela suggère fortement que les machines ont « oublié » des votes. Ces anomalies concernaient davantage les bureaux de vote avec une plus forte densité de population noire. D'autre part, dans un des bureaux, le hasard d'une photographie prise par un électeur a permis de constater que l'une des sept machines affichait une majorité de votes pour le parti républicain alors que toutes les autres affichaient une majorité de votes pour le parti démocrate. L'explication la plus plausible d'un point de vue statistique est que les votes pour les républicains et pour les démocrates avaient été inversés. On ne sait pas si d'autres disparités sont apparues dans d'autres bureaux et l'élection a été validée malgré de nombreux recours. On touche ici à une difficulté particulière du vote électronique. Alors que le pillage d'un compte bancaire sera forcément visible *a posteriori*, une attaque réussie dans le contexte du vote électronique peut rester invisible : il est très difficile de prouver que les résultats ont été modifiés ou que certaines personnes ont eu accès aux votes individuels des électeurs.

Machines à voter ou vote par Internet ?

Le terme de vote électronique est flou. Certains penseront immédiatement aux machines à voter que nous venons d'évoquer. Il s'agit d'ordinateurs placés dans des bureaux de vote. Les électeurs s'authentifient de manière habituelle (avec leur carte d'électeur et une pièce d'identité) et sélectionnent leur choix à l'aide d'une machine. À l'inverse, le vote électronique désigne aussi le vote par Internet, qui permet aux électeurs de voter à distance à l'aide de leur propre ordinateur, téléphone ou tablette. Il est utilisé en remplacement du vote par correspondance, ou pour permettre de consulter les électeurs plus souvent. Les machines à voter ont été inventées pour faciliter le dépouillement des élections complexes, comme aux États-Unis, où les électeurs ne choisissent pas un candidat ou une liste mais répondent à plus d'une dizaine de questions. En Australie, les électeurs ordonnent les candidats par ordre de préférence. Chaque fois, le dépouillement devient très difficile à réaliser manuellement. Les machines à voter ne présentent guère d'intérêt dans le contexte français où les scrutins restent simples. Elles cumulent les inconvénients du vote électronique (opacité du système, craintes sur la sincérité du résultat) avec ceux du vote à l'urne puisque les électeurs doivent se déplacer et que du personnel est nécessaire sur place. Dans cet ouvrage, nous nous concentrerons sur le vote par Internet, même si les problématiques évoquées ont de nombreux points communs avec les machines à voter.

Nous venons de mentionner des problèmes touchant les machines utilisées aux États-Unis. Mettons tout de suite les deux types de vote électronique à égalité. En effet, il est tout à fait possible d'attaquer le vote par Internet. Ainsi, en 2010, la ville de Washington avait mis en place, à titre expérimental, un vote par Internet pour permettre aux militaires en mission à l'étranger de voter à distance. Quelques semaines avant l'élection, tout le monde a été invité à tester et évaluer le système. Il s'agit d'une excellente pratique en sécurité informatique : un tel appel public permet à la communauté informatique de tester la robustesse d'un système avant son déploiement. En moins de trente-six heures, le même chercheur, Alex Halderman, avec son équipe, a réussi à prendre entièrement le contrôle du système, à modifier le résultat de l'élection-test en cours et à récupérer la totalité du matériel électoral envoyé aux militaires, malheureusement, cette fois, pour l'élection politique qui devait avoir lieu ensuite. Après cette attaque, l'élection a été annulée, du moins par Internet. D'autres équipes de recherche ont montré des failles dans des systèmes un peu partout dans le monde. À Moscou, en 2019, les clés de *chiffrement** utilisées étaient beaucoup trop faibles. En Suisse, toujours en 2019, il a été montré que les autorités avaient la capacité technique de modifier le résultat du vote.

En France, le vote par Internet a été utilisé pour des primaires de partis politiques, ce qui a donné lieu à des polémiques, entre autres pour les primaires de l'UMP en 2013, où des journalistes ont relaté avoir pu voter plusieurs fois.

La difficile sécurité informatique

Garantir qu'un système informatique ne soit pas sujet à des bugs est un incroyable défi. L'histoire est pleine de petites ou grandes catastrophes, allant du célèbre « écran bleu de la mort », signifiant que le système Windows a rencontré une erreur non récupérable, jusqu'à des désastres industriels de grande ampleur. On se souvient encore du lancement inaugural d'Ariane 5 en 1996, qui s'est soldé par une explosion après quelques dizaines de secondes de vol. Plus récemment, les mésaventures de Boeing et de tous ses appareils 737 Max cloués au sol ont causé des pertes humaines et des pertes financières difficiles à chiffrer, tellement les répercussions ont été énormes. Bug du logiciel pour Ariane 5, *spécification** défaillante et absence de certification externe pour Boeing : c'est le système informatique qui était au cœur du problème. Et pourtant l'aéronautique est un des domaines les plus exigeants en termes de qualité et de certification. À la chasse aux bugs s'ajoute une difficulté supplémentaire, particulièrement prégnante dans le contexte du vote électronique : il faut non seulement que le code soit correct, mais, en plus, que le système résiste à des attaques. De fait, il ne se passe presque pas une journée sans annonce d'une cyberattaque ici ou là.

Le problème majeur du vote est que le système doit préserver le *secret du vote**. Donc, un bug qui rend un résultat faux risque fort de passer inaperçu. Une fusée qui explose ou un compte bancaire vidé, cela se remarque et une investigation suit, afin de comprendre ce qui s'est produit. Dans le cas qui nous intéresse, une attaque réussie est une attaque qui ne se voit pas. Au pire, personne ne sera au courant de la fraude, et tout au plus blâmera-t-on les instituts de sondage de s'être trompés. En termes de cyberattaque, cela s'apparente donc plutôt au cyberespionnage. Dans ce contexte, que penser d'un vendeur qui affirme qu'aucune fraude n'a jamais été détectée dans son système ? L'hypothèse qu'on souhaiterait retenir est que celui-ci est effectivement très solide. Mais on ne peut s'empêcher de se demander si la raison n'est pas qu'il est si peu solide que les attaques sont passées inaperçues.

Souvent, on s'étonne de la difficulté à sécuriser un scrutin électronique. Après tout, nous gérons nos comptes bancaires à distance, nous payons en ligne et de grands transferts d'argent sont effectués de façon électronique. Cela semble fonctionner de manière satisfaisante. Pourquoi serait-il plus difficile de sécuriser le vote électronique ? Comme nous venons de l'évoquer, une première difficulté est le caractère invisible d'une attaque réussie. Un deuxième écueil majeur est que la sécurité du vote d'un électeur devient l'affaire de tous. Reprenons l'exemple de la gestion d'un compte bancaire. Si un voisin de Juliette installe sur son ordinateur des logiciels de provenance douteuse, ou s'il utilise des mots de passe bien trop faibles, peut-être que son compte bancaire sera piraté. Mais cela ne concerne pas vraiment Juliette. En revanche, si les voisins de Juliette votent par Internet avec des ordinateurs piratés, c'est le résultat de l'élection qui est compromis, et Juliette en sera directement affectée. Il ne suffit pas de se préoccuper individuellement de la sécurité de son ordinateur, il faut un système sûr globalement, même si un certain nombre d'ordinateurs sont compromis, lorsque ce scénario est jugé réaliste.

Et la blockchain ?

« Mon système de vote est entièrement sécurisé par une blockchain. » Voilà une affirmation régulièrement entendue de la part de concepteurs de solution de vote, souvent dans le cadre d'une start-up en recherche de financements ou de clients. Même si la communauté du vote électronique a de nombreuses controverses internes, il y a au moins un point qui met tout le monde d'accord : la présence d'une blockchain est un excellent indicateur d'une solution de vote qui a éludé les principales difficultés du vote électronique. En d'autres termes, l'évocation d'une blockchain comme principal élément de sécurité d'une solution de vote se doit d'être accueillie avec beaucoup de circonspection. Il s'agit d'un élément heuristique bien sûr, car il n'est pas impossible de construire une solution de vote sûre avec une blockchain, même si c'est en général inutilement compliqué. Nous verrons au cours de cet ouvrage les nombreux défis que soulève le vote électronique et pourquoi la blockchain seule ne permet en rien de garantir le secret du vote ni la sincérité du scrutin.

Comparer au système en place

Plutôt que de demander du 100 % sécurisé, quel que soit le sens qu'on lui donne, il est légitime de demander qu'on ne dégrade pas le niveau de sécurité du système qu'on remplace. S'il s'agit du vote à l'urne, avec un isoloir dans un bureau de vote, on part d'un système très satisfaisant, même s'il n'est pas parfaitement immunisé contre les fraudes. Le vote électronique

Idées reçues sur le vote électronique

• *Ça fait baisser l'abstention !*
Malheureusement, les études existantes dans différents pays montrent des effets limités voire inexistants sur l'abstention.

• *La blockchain va tout résoudre !*
Les blockchains peuvent, au mieux, aider à résoudre une des nombreuses difficultés liées à la transparence de l'élection. Nous y reviendrons en détail au chapitre 11.

• *De toute façon, le* serveur* *saura forcément pour qui j'ai voté !*
Non, il existe des solutions pour que ça ne soit pas le cas. C'est même une des premières propriétés qu'on demande à un système de vote électronique.

• *On sécurise bien des milliards d'euros de transactions bancaires, pourquoi pas le vote ?*
Il y a au moins deux différences majeures. Une attaque réussie sur un système de vote électronique ne se voit pas alors qu'un vol d'argent est toujours visible. D'autre part, si certains citoyens sécurisent mal leur ordinateur, cela devient le problème de tous.

• *Le papier, c'est plus sûr !*
Cet aspect sera discuté tout au long du livre. Mais en deux mots : oui, le vote à l'urne organisé en France pour des élections politiques est plus sûr que le vote électronique. Mais à l'autre bout du spectre, le vote papier par correspondance offre souvent une sécurité pour le moins médiocre.

introduit de nouvelles possibilités de manipulations qui induisent une crainte majeure et légitime que ces nouvelles techniques de fraude passent bien mieux à l'échelle que les risques identifiés avec le vote à l'urne. En effet, une fraude « à la chaussette » va permettre de changer le résultat de quelques dizaines de voix tout au plus (à moins d'avoir de vraiment grosses chaussettes). Sauf en cas de scrutin serré, pour atteindre un biais significatif susceptible de changer l'issue du vote, multiplier les fraudeurs implique d'accroître les risques de se faire prendre en train de manipuler les bulletins. Avec du vote électronique, on peut craindre l'existence d'un point central qui, s'il tombe aux mains d'un attaquant, peut entraîner une fraude massive sans que le risque de se faire prendre soit plus grand que pour une fraude minime.

Ce constat semble sans appel et complètement à charge contre le vote électronique. Heureusement, la situation n'est pas si noire, et, sans prétendre atteindre le 100 % sécurisé tant fantasmé, des techniques existent pour qu'on dispose de garanties aussi bien sur le respect du secret du vote que sur l'absence de manipulation du résultat, même si les serveurs se faisaient attaquer.

Qu'est-ce qu'un bon système de vote électronique ?

L'objectif principal de cet ouvrage est d'expliquer ce qu'on est en droit d'attendre de la part d'un système de vote par Internet en se basant sur les connaissances actuelles. Certaines questions sont résolues de manière satisfaisante et d'autres moins ; des compromis doivent être faits et un message important est qu'il n'y a pas de réponse universelle à la question « Pour ou contre le vote électronique ? ». Nous souhaitons donc tenter de donner le maximum d'éléments pour que la décision de passer au vote électronique, dans un contexte particulier, puisse être prise (ou pas !) en toute connaissance de cause.

Un bon point de vue pour déterminer la pertinence d'un système de vote électronique est de se référer au système existant. Fait-on mieux ou moins bien que le système en place ? Pour quels aspects ? Il est donc intéressant d'analyser aussi finement le vote « papier », dont le fonctionnement et la sécurité diffèrent grandement selon qu'il s'agit du vote traditionnel à l'urne ou bien d'un vote par correspondance. Par exemple, une limitation intrinsèque du vote électronique est qu'il n'y a plus d'isoloir. Il est alors impossible de savoir si l'électeur est seul lorsqu'il vote. Cette limitation est cependant partagée avec le vote par correspondance. Une question importante à chaque fois est d'identifier « l'attaquant ». S'agit-il des autres électeurs, des candidats à l'élection, des organisateurs, de puissances étrangères ? Dans le contexte du vote électronique, de nouveaux intervenants apparaissent en plus de ceux déjà présents : le *prestataire** qui vend la solution, l'éditeur qui a fourni le logiciel, l'*hébergeur** qui possède les serveurs utilisés, les experts qui ont certifié la solution. À qui est-on prêt à faire confiance ? Chacun a sa propre sensibilité et certains veulent se protéger en priorité de la curiosité de leurs voisins ou de leur employeur, d'autres craignent surtout la surveillance de masse, d'autres encore redoutent que le parti en place manipule les résultats pour pouvoir y rester. À qui faire confiance n'est donc pas un choix technique mais bien un choix qui concerne tous les électeurs et qui devrait être explicite.

Une deuxième question cruciale est la suivante : qu'est-ce qu'un bon système de vote électronique ? Que cherche-t-on à protéger ? Tout système de vote, électronique ou non, doit assurer la sincérité du scrutin : le résultat doit correspondre au choix des électeurs. Pour garantir que chaque électeur s'exprime sans pression, la plupart des scrutins sont à bulletin secret :

nul ne doit savoir pour qui j'ai voté. Dans le contexte du vote électronique, l'attention se porte souvent uniquement sur cette deuxième propriété. Pourtant, la transparence du résultat reste absolument nécessaire. Elle est traditionnellement appelée *vérifiabilité** dans le milieu du vote électronique. La *CNIL**, Commission nationale de l'informatique et des libertés, dans une nouvelle mouture parue en 2019 de ses recommandations en matière électronique, a introduit plusieurs exigences en matière de vérifiabilité. Nous pensons qu'il est important que ces exigences soient bien comprises, pour ne pas laisser un prestataire déclarer, sans justification, que son système satisfait toutes les recommandations en matière de sécurité. Bien souvent, l'électeur curieux se voit opposer un argument d'autorité : un « expert en informatique » a analysé la solution et l'a déclarée conforme à la CNIL. Pourtant, dans de nombreux cas, cette expertise n'a duré que quelques jours et n'a porté que sur quelques éléments techniques. Le rapport d'expertise, malheureusement souvent confidentiel, est instructif à la fois sur les limites du système et celles de l'expertise. Les électeurs devraient avoir des éléments d'information permettant de comprendre les bénéfices et les risques du système en place, comme c'est le cas en matière de protection des données, conformément au Règlement général sur la protection des données (RGPD).

Assurer à la fois le secret du vote et la transparence du scrutin est le défi de tout système de vote. Le symbole des enveloppes fermées à l'intérieur d'une urne transparente est fort et pertinent. La difficulté redouble lorsqu'il s'agit du vote électronique. Des techniques existent cependant et notre défi personnel est de les rendre accessibles à nos lecteurs. Nous allons ainsi décrire plusieurs systèmes qui, sans être la panacée, permettent de faire beaucoup mieux que la plupart des systèmes utilisés en pratique que nous avons eu l'occasion d'examiner. Le fonctionnement d'un système de vote ne doit pas être caché aux électeurs sous couvert de secret industriel ou sous prétexte qu'il est trop complexe pour être compris. Au contraire, sa description permet d'enrichir la discussion et de montrer que la transparence est possible.

Cassons tout de suite le suspense : le système parfait n'a pas encore été inventé. Comme dans bien des domaines, des compromis sont nécessaires. Et parfois, il faudra admettre qu'aucun compromis n'est acceptable parmi ceux qui sont offerts en l'état actuel. Par exemple, aucun système de vote électronique, aujourd'hui, ne permet d'assurer toutes les propriétés voulues pour des élections à forts enjeux, comme des élections présidentielles. À l'inverse, nous affirmons qu'il est des situations où le vote électronique, s'il est correctement mis en œuvre, peut être mieux sécurisé que le système qu'il remplace, en particulier s'il remplace le vote par correspondance.

Mais notre but n'est pas de répondre clairement par oui ou non sur la pertinence du vote électronique à la place des personnes concernées : les électeurs. Nous souhaitons principalement fournir quelques principes généraux, des pistes d'analyse, des clés de compréhension, afin que chacun puisse mieux savoir ce qu'il est en droit d'attendre quand on lui propose du vote électronique, et les points difficiles sur lesquels la recherche doit encore progresser.

Et Juliette ? Que doit-elle en retenir ? Nous espérons que la lecture de ce livre lui offrira des moyens d'évaluer par elle-même si la solution proposée par le prestataire, pour l'élection qui lui tient à cœur, semble satisfaisante. Bien sûr, elle ne va pas lire le code source (en imaginant que le prestataire veuille bien le lui montrer), mais peut-être hésitera-t-elle moins à aller demander comment se positionne le produit par rapport aux recommandations de la CNIL. Peut-être osera-t-elle parcourir un rapport d'expertise qui mentionne les propriétés qui sont acquises et celles qui ne le sont pas ? Plus qu'un niveau de sécurité, c'est bien la compréhension de ce qui est garanti qui peut convaincre un électeur que le système auquel il est confronté correspond aux nécessités du contexte de l'élection.

Contenu des chapitres

- Les chapitres 2 et 3 précisent le contexte de la discussion : ce qu'on entend par vote électronique, et la notion d'attaquant.
- Les chapitres 4, 5 et 6 détaillent les différentes propriétés attendues d'un système de vote.
- Le chapitre 7 est une lecture des recommandations de la CNIL à la lumière de ces propriétés.
- Les chapitres 8 à 12 sont les plus techniques. Ils décrivent les outils cryptographiques disponibles, leur mise en œuvre dans différents systèmes existants, et les techniques utilisées pour obtenir le maximum de garanties sur le produit final.
- Le chapitre 13 est un aparté sur les différents modes de scrutin.
- Le chapitre 14 résume, en conclusion, les questions à se poser lorsqu'on est confronté au vote électronique.

Ces deux derniers chapitres peuvent être lus sans avoir abordé les parties plus techniques.

CHAPITRE 2

Les multiples formes de vote

Le vote à l'urne à la française

Le vote à l'urne tel qu'on le pratique en France lors des élections politiques suit un processus bien défini qui garantit de nombreuses propriétés. Même si elle est discutable sur certains points, cette forme de vote où les électeurs se déplacent dans un bureau de vote pour donner leur opinion a une très bonne réputation et représente une forme d'idéal. Si on lui compare les autres procédures, y compris le vote électronique, on conclut bien souvent que ce sont des pis-aller, dont les circonstances imposent de s'accommoder.

Pour commencer, revoyons ce mode de fonctionnement bien rodé qui pourra servir de référence tout au long de ce livre. Tout commence par l'établissement de la liste électorale. Il s'agit d'une étape complexe, implicitement liée à la manière dont on va vérifier l'identité d'un électeur qui se présente : la liste électorale doit contenir les informations qu'on pourra recouper avec la pièce d'identité et la carte d'électeur (nom, prénoms, date et lieu de naissance). Lors des primaires aux élections présidentielles de 2017, on a pu constater la difficulté à établir la liste des personnes autorisées à voter. Pour pouvoir participer, il suffisait de signer un texte où l'électeur se reconnaissait dans les valeurs du parti organisant la primaire en question. Aucune mesure n'était prise pour vérifier ce fait, et on pouvait sans problème participer à plusieurs primaires aux positions politiques opposées ! Nous reviendrons à diverses reprises sur la difficulté de vérifier que la personne qui se présente pour voter est bien celle qu'elle prétend être, mais nous supposerons que le travail préliminaire d'établir une liste électorale fidèle aux règles a été effectué de manière correcte.

Le jour de l'élection, les citoyens se rendent dans le bureau de vote où ils sont inscrits. À l'entrée, une première vérification d'identité est effectuée, en particulier pour rediriger l'électeur vers un autre bureau de vote s'il s'est trompé. Ensuite commence la procédure proprement dite, où on découvre des consignes strictes, liées à la protection du libre choix de vote. L'électeur doit donc prendre une enveloppe et un bulletin de vote de chaque liste ou candidat. Même si, malheureusement, les membres du bureau de vote ne l'imposent pas toujours, il est crucial de prendre plusieurs bulletins : si on n'en prend qu'un seul, on dévoile publiquement son choix. Et alors ? On peut tout à fait considérer qu'il relève de la liberté individuelle de clamer ses opinions. Le problème est que cela ouvre la porte au vote sous pression. Avec la procédure actuelle, même si quelqu'un veut m'inciter fortement à voter pour un candidat, il ne peut pas le faire, puisque je n'ai pas le droit de ne prendre que le bulletin qu'il veut me forcer à prendre. Notons que, d'un point de vue formel, ne pas prendre tous les bulletins est déjà une faille par rapport au secret du vote, puisqu'un observateur reçoit de l'information. Pour illustrer cela, il suffit d'imaginer une pression de la forme : « Vote pour qui tu veux, mais pas pour X », assortie d'une vérification que l'électeur ne prend pas le bulletin associé à X parmi les quelques-uns qu'il choisit. Une solution pour se défendre : l'électeur doit prévoir d'apporter avec lui le bulletin de son choix, reçu auparavant à son domicile.

Une fois l'enveloppe et les bulletins récupérés, l'électeur se dirige vers l'isoloir. De nouveau, le règlement est strict et impose d'y entrer seul pour garantir la libre expression du vote. Des poubelles sont disposées dans les isoloirs pour que les électeurs puissent se débarrasser des bulletins non utilisés. Un dilemme se pose alors pour l'électeur qui passe en premier ou bien qui constate que la poubelle a été vidée avant son entrée : jeter ses bulletins inutilisés, c'est dévoiler son vote à la personne qui le suit dans l'isoloir, à qui il suffit de regarder quel est le bulletin manquant dans la poubelle. Est-il plus approprié de demander à tout le monde de garder les bulletins inutilisés et de s'en débarrasser plus tard, hors du bureau de vote ? Mais on s'expose alors au danger du vote sous pression : la personne qui exerce la pression peut demander à voir les bulletins non utilisés à la sortie et vérifier que celui qui manque est bien le bulletin indiqué à l'avance. À chacun de décider ou pas d'utiliser la poubelle mise à disposition. Les risques liés semblent considérés comme acceptables par la plupart des gens. Mais cet exemple simple illustre le type de raisonnement qu'on est amené à faire quand on étudie la sécurité d'un système de vote, qu'il soit électronique ou pas.

Continuons notre parcours au sein du bureau de vote et accompagnons l'électeur qui sort de l'isoloir, avec l'enveloppe qui contient le bulletin de son choix. Il se dirige alors vers l'urne. Celle-ci est verrouillée, transparente et bien visible par tout le monde. Une nouvelle vérification de l'identité et de la présence sur la liste électorale est effectuée, puis l'électeur est autorisé à introduire son bulletin dans l'urne et à signer la liste d'émargement. Tout est fait pour que ces deux opérations soient indissociables afin d'éviter un écart entre le nombre d'enveloppes dans l'urne et le nombre de signatures sur le registre. En informatique, on parlerait d'*atomicité* : on ne doit pas pouvoir séparer l'opération d'introduction du bulletin dans l'urne de la mise à jour de la liste d'émargement.

La transparence de l'urne est bien sûr très importante. Grâce à elle, tout le monde peut vérifier que l'urne est vide à l'ouverture du bureau de vote, et donc que tous les bulletins qui s'y trouveront à la fin de la journée seront bien issus du processus qu'on vient de décrire. C'est aussi la simplicité de l'objet qui offre la garantie qu'on n'a pas affaire à une urne frauduleuse avec, par exemple, un double-fond. Au cours de la journée, les bulletins s'accumulent dans l'urne sous l'œil attentif de personnes désignées pour la surveiller et de quiconque souhaite s'assurer par lui-même du bon déroulement de l'élection. À la clôture du scrutin, on a une bonne garantie que l'urne contient exactement les enveloppes des personnes qui ont émargé, et que, par ailleurs, les enveloppes contiennent les bulletins correspondant à la volonté de l'électeur, sans influence extérieure. Il y a toujours des possibilités d'erreur ou de fraude, encore facilitées si un certain nombre de personnes en charge des opérations sont malhonnêtes. Mais la confiance dans ce système repose également sur l'idée que, si le contexte de l'élection incite à être soupçonneux, alors il y aura davantage de volontaires pour vérifier que tout se passe bien et la fraude sera plus difficile à mettre en œuvre.

La phase finale est celle du dépouillement. L'urne est d'abord remuée de sorte qu'il ne soit plus possible de suivre un bulletin du regard : nul ne sait désormais à quel électeur correspond quelle enveloppe. Puis, les verrous sont ouverts et on sort les enveloppes ; s'ensuit une opération manuelle assez fastidieuse où on sort les bulletins afin de compter le nombre de voix recueillies par chaque candidat. Cette phase se déroule au vu de toute personne souhaitant vérifier que tout se passe bien. Elle reste toutefois un des points les plus faibles du vote classique, où les erreurs, voire les fraudes, sont possibles. Il suffit d'imaginer qu'un des préposés au dépouillement soit un prestidigitateur aguerri pour comprendre que quelques bulletins peuvent être échangés, même si tout le monde observe attentivement les opérations. Malgré cela, le système jouit d'une bonne réputation, probablement parce que, même si les fraudes sont possibles, elles resteront d'une envergure limitée.

Parmi les éléments qui confèrent au vote à l'urne ce statut de système idéal, on peut souligner cette possibilité pour tout un chacun de s'élever au rang d'*auditeur** et de surveiller l'intégralité du processus. Très peu d'électeurs vont réellement exercer ce droit et passer leur journée dans le bureau de vote, mais presque tous vont profiter des petits temps morts pour regarder tout ce qui se passe autour d'eux. La simplicité du système, dans son ensemble entièrement compréhensible par chacun et doublé de cette auditabilité universelle, est une caractéristique unique du vote à l'urne.

L'utilisation de machines

Dans beaucoup de pays, la notion de bulletin de vote est différente de ce qu'on connaît en France. Au lieu d'avoir un bulletin par candidat, l'électeur va disposer d'un unique bulletin prenant la forme d'un questionnaire qu'il remplit avec un stylo dans l'isoloir, par exemple en cochant la case correspondant à son choix. Cette méthode présente comme avantages la simplification de l'impression du matériel de vote ainsi que la possibilité de poser des questions plus complexes ou plus nombreuses afin d'obtenir plus d'informations sur la volonté des électeurs. Par exemple, dans un scrutin où il y a dix sièges à pourvoir, on peut demander à chaque électeur de choisir ses dix candidats préférés parmi tous ceux qui se présentent plutôt que de s'appuyer sur des scrutins de liste, comme on le fait souvent en France.

L'inconvénient majeur, lorsqu'on complexifie l'expression du vote des électeurs, est que le dépouillement devient d'autant plus difficile à effectuer à la main, avec des possibilités d'erreur décuplées. On augmente également les risques de bulletins invalides pour cause d'irrégularité de la part des électeurs (par exemple onze cases cochées alors qu'il fallait en cocher dix au maximum). Une telle situation a eu lieu en Suisse, dans le canton de Vaud en 2019, où une proportion inhabituelle des bulletins papier transmis étaient invalides à cause de nouvelles règles électorales complexes.

C'est typiquement dans ce type de contexte que l'usage de machines peut prendre tout son sens, soit pour l'aide à la conception d'un bulletin de vote valide, soit pour automatiser le dépouillement. Il est aussi fréquent d'avoir des machines qui servent les deux objectifs : les électeurs utilisent une machine pour voter, et cette même machine (ou le même système informatique) fait le décompte. Aux États-Unis, de telles machines sont utilisées depuis le XIXe siècle. On utilise des leviers, des boutons, des cartes perforées, etc. Les techniques sont d'autant plus variées qu'elles diffèrent d'un État à l'autre. Et, bien sûr, les machines électroniques apparues au milieu du XXe siècle ont fini par supplanter les machines mécaniques. Toutefois, dans les années 2000, on trouvait encore, en certains endroits, d'antiques machines à levier. En France, quelques communes usent de machines à voter électroniques, mais cela reste marginal. En effet, la simplicité des scrutins n'incite pas à remplacer le vote à l'urne.

Autre situation où on trouve des machines à voter, les salles de conseil ou d'assemblée qui accueillent fréquemment des réunions requérant des votes. Ainsi, l'Assemblée nationale dispose de boîtiers électroniques utilisés pour certains votes, ce qui accélère le déroulement, aussi bien que le dépouillement.

La sécurité des machines à voter est un sujet à part entière, nourri par un historique très fourni, mais venant principalement des États-Unis. La question principale est de savoir si la machine prend bien en compte l'intention de l'électeur, et si elle ne fait pas de fautes, volontaires ou non, en décomptant les voix. Certaines machines sont complexes, et plus elles disposent de moyens de communication avec l'extérieur (port USB, prise réseau, lecteur de carte mémoire), plus elles s'exposent à des actes malveillants modifiant leur fonctionnement. La solution qui semble le plus en vogue actuellement outre-Atlantique est que la machine fournisse en parallèle un bulletin papier imprimé que l'électeur va pouvoir vérifier, et mettre dans une urne traditionnelle. En dépouillant à la main une petite proportion des bulletins papier, on pourra alors s'assurer que les résultats proclamés par le système informatique sont statistiquement crédibles. Nous n'explorerons pas plus la question de ces machines de vote, de manière à nous concentrer sur les techniques plus pertinentes pour le contexte français.

Le vote par correspondance

Le vote par correspondance n'est pas autorisé en France pour les élections politiques (sauf pour les Français de l'étranger), mais est extrêmement fréquent pour les autres élections. Dans d'autres pays, il s'agit d'un moyen de vote très utilisé, y compris pour les élections politiques les plus importantes. Les présidentielles de 2020 aux États-Unis, sur fond de crise du Covid-19 et de menaces de Donald Trump de couper les crédits de la poste fédérale afin de décourager ce type de vote, ont montré l'attachement des électeurs à pouvoir voter de chez eux. En Suisse, où les consultations des électeurs sont nombreuses, le vote par correspondance est également plébiscité par les citoyens, avec environ 90 % des votes exprimés de cette façon.

Dans ce type de système, le matériel de vote est envoyé par la poste à chaque électeur, qui effectue son choix et renvoie son bulletin également par la poste. La réputation de l'entreprise qui gère le courrier est donc un élément crucial de la confiance dans ce système. Mais il faut aussi considérer la procédure dans son ensemble. Qui reçoit les courriers contenant les bulletins ? Comment s'assurer que le bulletin provient bien d'un électeur légitime ? Comment garantir le secret du vote, alors que les courriers permettent tout à la fois d'identifier l'électeur (pour mettre à jour la liste d'émargement) et à celui-ci d'exprimer son choix ? Les méthodes varient, parfois avec de multiples enveloppes, parfois avec des systèmes de *pseudonymes**. Toutefois, dans l'immense majorité des systèmes, l'électeur va devoir faire totalement confiance aussi bien au réseau postal (et à tous les sous-traitants impliqués dans l'acheminement du courrier) qu'aux personnes qui vont traiter ce courrier à l'arrivée. Une étude récente de la sécurité du vote par correspondance en Suisse, où la compagnie Swiss Post jouit d'une excellente réputation, montre la complexité du processus en détaillant les multiples entités intervenant à ses divers stades. La simplicité du vote par correspondance n'est donc qu'une illusion. L'électeur ne doit pas se faire piéger par le raccourci facile : « J'ai confiance en la poste, donc je n'ai pas de souci avec le vote par correspondance. »

Cela dit, le vote par correspondance présente un avantage incontournable par rapport au vote à l'urne : les électeurs ne sont pas obligés de se déplacer dans un bureau de vote, ce qui peut devenir une contrainte forte lorsque le corps électoral est, par nature, très peu dense. On peut penser à un vote sur les statuts d'une association dont les quelques centaines d'adhérents sont répartis un peu partout en France, ou encore à des élections politiques dans des zones très peu peuplées comme l'Outback australien où même l'acheminement du courrier n'est pas aisé. Les confinements successifs dus à l'épidémie de Covid-19 forment un parfait exemple de cas où de nombreux votes à l'urne ont été remplacés par du vote à distance, notamment au sein d'associations. Même en temps normal, un certain nombre d'électeurs ne peuvent pas se déplacer, que ce soit pour des raisons médicales ou professionnelles. Les Français de l'étranger forment également un corps électoral bien particulier pour lequel il serait illusoire de s'en tenir à des bureaux de vote physiques dans les consulats ou quelques grandes villes.

Une autre raison de préférer le vote par correspondance au vote à l'urne est une analyse de coût par rapport à l'enjeu du scrutin. En effet, la bonne tenue d'un bureau de vote et les propriétés de sécurité qui en découlent nécessitent une assistance importante. Trouver des volontaires n'est pas difficile dans le cas d'une élection où plusieurs partis sont en lice. Mais dans un contexte où on a un unique candidat pour chaque siège à pourvoir, comme on le voit parfois pour certaines fonctions représentatives dans des instances professionnelles ou associatives, il est peu probable que l'enjeu motive les troupes, et la surveillance de l'urne ne sera pas bien assurée. Permettre le vote à distance est alors tout à fait acceptable, et on peut comparer le coût des envois postaux au coût en personnel pour organiser un ou plusieurs bureaux de vote physiques.

D'un point de vue académique, le vote par correspondance est (trop) peu étudié actuellement par les chercheurs en sécurité informatique. Cela vient probablement du fait que la question est soit trop simple (on modélise le processus avec très peu d'agents, et alors la sécurité repose intégralement sur le fait que ces agents doivent être honnêtes), soit trop complexe et hors du champ de compétences de ces spécialistes, car s'appuyant sur des considérations autant socio-économiques que techniques (que fait-on si le sous-traitant qui imprimait les bulletins pseudonymisés fait faillite ?). D'autre part, le vote par correspondance peut sembler indépendant de toute considération de sécurité informatique. En fait, les bulletins papier comportent régulièrement des éléments cryptographiques souvent rudimentaires, dont l'étude de la sécurité est, en général, négligée. Comme il s'agit de systèmes utilisés depuis longtemps, les acteurs ne les remettent pas en cause en tant que tels. Par exemple, lors des élections professionnelles, les syndicats font rarement de la sécurité du vote par correspondance un sujet de discussion. Pourtant, il serait légitime et même nécessaire d'apporter la même analyse critique que lors du vote par Internet que nous allons maintenant évoquer. Comme pour le vote par Internet, on peut se demander si les bulletins parviennent dans l'urne sans être modifiés et si le secret du vote est respecté. Si l'aspect papier rassure, les intermédiaires peuvent être nombreux et constituer autant de portes d'attaque. À l'inverse, des constructions cryptographiques usuelles en vote par Internet pourraient être utilisées pour améliorer la sécurité du vote par correspondance (Benaloh *et al.*, 2013).

Le vote par Internet

Ce qu'on désigne ici comme vote par Internet recouvre tous les systèmes ayant les deux caractéristiques suivantes. D'une part, l'électeur exprime son intention de vote en utilisant du matériel informatique courant, dans un endroit non défini à l'avance, typiquement chez lui avec son téléphone portable ou l'ordinateur familial. D'autre part, l'envoi du bulletin de vote préparé à l'aide de ce matériel informatique est effectué *via* le réseau Internet. On souhaite ainsi exclure les situations qui relèvent du vote à l'urne dans un bureau de vote à l'aide de machines de vote. En effet, même si une communication par Internet peut y être impliquée, certaines questions de sécurité ne se posent pas, ou du moins se posent différemment dans les deux cas. En particulier, la disparition de l'isoloir tel qu'on le connaît dans un bureau de vote est une contrainte très forte qu'on doit étudier en profondeur.

On continuera, cependant, à parler de vote par Internet pour des systèmes qui incluent un envoi postal préalable à chaque électeur, comme en Suisse, ou bien qui impliquent l'utilisation d'une carte nationale d'identité électronique, comme en Estonie. On peut aussi imaginer l'utilisation d'autres canaux de communication complémentaires à Internet tels que les codes éphémères envoyés par SMS par les banques pour confirmer les demandes de transactions effectuées en ligne.

Les pays autorisant le vote par Internet pour leurs élections politiques ne sont pas légion. En France, ce vote est réservé aux Français de l'étranger, et cette possibilité a même été supprimée lors des élections de 2017 à cause de craintes d'attaques. À l'inverse, l'Estonie fait figure de précurseur en proposant le vote par Internet depuis le milieu des années 2000. Désormais entre 30 et 40 % des électeurs choisissent ce mode de vote. Parmi les autres pays proposant parfois du vote par Internet, on peut citer la Suisse, principalement en remplacement du vote par correspondance. L'Australie l'utilise également, en raison des problèmes de distance dus à la taille du pays et de règles électorales parfois complexes qui rendent le dépouillement manuel très difficile.

L'utilisation de vote par Internet est beaucoup plus répandue pour les élections non politiques, ou à caractère politique mais en dehors du cadre institutionnel, comme les primaires de certains partis. En France, les élections pour le comité social et économique (CSE) des entreprises se font de plus en plus par voie électronique. Lors de la crise due au Covid-19, la demande de vote électronique a augmenté et il est probable que ce phénomène s'amplifie à l'avenir, avec l'incitation à faire le plus de tâches possible de manière dématérialisée. Ces très nombreuses élections sont d'importance variable. Mais, même si on ne parle pas de la Démocratie de l'État (avec un D et un E majuscules…), l'impact sur la vie professionnelle de milliers de personnes peut être en jeu. Il est donc important d'évaluer les risques et de choisir les solutions techniques adaptées à chaque situation.

Car les risques sont bien présents. En remplaçant le vote à l'urne par le vote à distance, puis en substituant au support papier du vote par correspondance des chaînes de 0 et de 1 envoyées sur Internet, on ouvre de nouvelles possibilités, notamment en termes de calculs cryptographiques, mais aussi de nouveaux angles d'attaque. Certains ne sont pas spécifiques au contexte du vote : par exemple, si l'ordinateur personnel de l'électeur héberge un code malveillant, ou encore si le serveur d'élection auquel il se connecte se fait attaquer, le risque est grand que la sécurité du vote soit compromise. C'est le même problème que lorsque cet électeur se connecte au site de sa banque pour effectuer des opérations. D'autres questions sont spécifiques au domaine du vote : tout comme pour le vote par correspondance, l'entité qui reçoit les bulletins doit connaître l'identité de l'électeur pour s'assurer qu'il est bien inscrit sur les listes. Pour autant, cette entité doit « fermer les yeux » pour ne pas connaître le contenu du bulletin envoyé. Cette propriété, qu'on peut appeler *secret du vote vis-à-vis du serveur*, est une des nombreuses propriétés de sécurité que nous allons développer dans la suite, tout en expliquant comment certaines techniques permettent de les garantir de manière plus ou moins satisfaisante.

CHAPITRE 3

À qui faire confiance ?

> « Ce n'est pas parce que je suis paranoïaque qu'ils ne sont pas tous après moi. »
>
> Pierre DESPROGES

Dans toutes les histoires, il est pratique de savoir identifier les gentils et les méchants. On apprécie la simplicité reposante d'un blockbuster américain où, dès les premières minutes, on a compris que le héros est James Bond ou Bruce Willis et qu'il va sauver la situation contre des « terroristes », si possible bien caricaturaux.

Le monde de la sécurité informatique, comme le monde réel, implique des composants et des entités qui existent avec toute leur complexité qu'on ne peut classifier uniquement dans ces deux cases, et les nuances de gris sont multiples. Le vote électronique est un exemple du genre, où les intérêts et les capacités des différents acteurs forment un mélange dans lequel il est difficile de s'y retrouver.

Le vocabulaire de la sécurité informatique

Une première étape consiste d'abord à s'approprier le langage et les termes traditionnellement utilisés. Le vocabulaire porte des connotations influencées par l'histoire de la sécurité informatique, la culture, les médias, et des habitudes académiques.

Il nous semble important de garder en tête la vision fantasmée issue de la culture populaire avec, par exemple, le film *Wargames* (1983) où un adolescent manque de déclencher une guerre nucléaire après avoir pénétré le système informatique de la défense américaine, le film *Sneakers* (*Les Experts*, 1992) où un génie des mathématiques parvient à fabriquer une puce capable de casser tous les systèmes cryptographiques, ou encore la série de livres *Millénium* (2005-2007) dont l'héroïne Lisbeth Salander est une hackeuse hors pair, à la personnalité complexe, et elle aussi une virtuose des mathématiques. Ce mythe du génie isolé, avec parfois un côté sympathique, est encore bien présent dans l'imaginaire collectif, comme en témoigne une phrase prononcée par Donald Trump en octobre 2020, lors de la campagne présidentielle : « Pour vous faire hacker, il faut quelqu'un avec un QI de 197, et il aura besoin de 15 % de votre mot de passe[1]. » L'image ambiguë est d'ailleurs volontiers entretenue par une partie de la communauté, avec, par exemple, une association qui se nomme le Chaos Computer

1. La phrase originale est : « *To get hacked, you need somebody with 197 IQ and he needs about 15 percent of your password.* » Elle a engendré un torrent de moqueries et de protestations de la part des spécialistes en sécurité informatique.

Club et qui organise chaque année le Chaos Communication Congress. Afficher le mot *chaos* tout en prétendant être les « gentils » n'est pas sans brouiller les pistes.

Dans le même ordre d'idées, le terme « piratage » est employé aussi bien pour une attaque de grande envergure du système informatique d'un pipeline que pour un père de famille qui télécharge illégalement le dernier Disney pour ses enfants. Cette deuxième situation n'implique pourtant pas de question de sécurité informatique. Dans notre contexte, si on parle de piratage, il s'agira bien évidemment de la signification du premier exemple : l'exploitation de failles informatiques pour s'introduire dans un système. Plus ambigu est le terme « hackeur », de l'anglais *hacker*. À l'origine plutôt positif, puisqu'il est lié à la capacité de « bidouiller » efficacement un programme informatique, la signification en a été étendue au fait de s'introduire illégalement dans un système, où on rejoint la notion de piratage. Les deux sens persistent cependant, et seul le contexte permet de trancher, comme dans les phrases : « Zut, mon serveur s'est fait hacker ! », ou : « J'ai passé la nuit à hacker comme un malade, mais, c'est bon, je vais rendre mon projet à temps. » Le vocabulaire issu de l'analogie avec la biologie est plus naturellement compréhensible : un « virus » informatique est un logiciel malveillant qui a été installé sur un ordinateur à l'insu de son propriétaire. On dit alors que la machine est « infectée ». Quand on s'intéresse plus précisément à un mot de passe ou à une clé de chiffrement, on parle plus volontiers de « craquer » ou « casser » ce secret. Poursuivons cet inventaire à la Prévert avec « rançongiciel », logiciel malveillant qui va verrouiller l'accès aux données d'un ordinateur, et réclamer une rançon en échange de leur déchiffrement ; « cheval de Troie », logiciel en apparence légitime, mais qui contient en son sein un logiciel malveillant de type virus qui va s'installer lors de son exécution sur la machine cible pour construire par exemple une nouvelle porte d'entrée ; « porte dérobée », fonctionnalité cachée dans un logiciel, qui permet à quelqu'un qui la connaît de prendre le pouvoir de toute machine utilisant ce logiciel.

Revenons un instant sur les acteurs humains, qu'il est d'usage de classifier en fonction de la couleur de leur chapeau virtuel ! Un hackeur *white hat*, avec un chapeau blanc, est quelqu'un qui respecte une certaine éthique. Pour lui, la recherche de failles informatiques n'a pas pour but de les exploiter, mais au contraire de prévenir les concepteurs et de faire corriger les problèmes. Ces personnes sont, notamment, employées pour faire des tests d'intrusion : une entreprise qui veut mettre à l'épreuve son système informatique engage des spécialistes pour tenter d'y pénétrer, en utilisant tous les moyens qu'un vrai attaquant aurait à sa disposition. À l'opposé, un hackeur *black hat*, avec un chapeau noir, est réputé n'avoir aucune morale, et chercher les failles pour le jeu ou le profit personnel. Et, bien sûr, comme rien n'est jamais simple, certains se prétendent *grey hat*, avec un chapeau gris ; ils suivent des règles morales ou éthiques qui ne sont pas celles admises dans la société. On peut mentionner le groupe Anonymous comme exemple de membres de cette zone grise, mais c'est, bien sûr, une question d'appréciation.

Cette liste de vocabulaire n'a aucune prétention à l'exhaustivité. Sans surprise, la langue anglaise est la plus utilisée, et fournit le plus de jargon, avec parfois des néologismes étonnants, comme *to pwn* (prononcer paune), issu du monde des jeux vidéo, et signifiant en sécurité informatique le fait de prendre le pouvoir sur un serveur. Le milieu ne manquant pas d'humour, il existe même un prix de sécurité informatique appelé les Pwnie Awards, dont le trophée ressemble à s'y méprendre à une figurine de *My Little Pony*.

Dans le contexte de ce livre sur le vote électronique, nous utiliserons occasionnellement quelques termes de la liste, comme le fait qu'un ordinateur soit infecté par un virus, ou bien qu'un système de chiffrement se fasse casser. Mais plutôt que la couleur du chapeau, nous allons plus volontiers utiliser les termes suivants qui permettent d'insister sur le fait que le « méchant » peut être un des acteurs du système. Le système définit un « protocole », c'est-à-dire le comportement normal des différentes parties, comme le serveur ou l'ordinateur d'un client. L'« attaquant » est pour nous une entité, sans plus de précision, qui souhaite mettre en défaut les propriétés de sécurité. L'attaquant peut être « passif », s'il se contente d'observer les informations publiées et les messages qui circulent en clair ; ou bien « actif » s'il va interférer avec le déroulement du protocole, par exemple en bloquant certains messages, ou en envoyant des faux messages en se faisant passer pour quelqu'un d'autre. Il nous arrivera d'utiliser le terme « adversaire » comme synonyme d'attaquant. Lorsque c'est un des acteurs du protocole qui devient l'attaquant, on va, sans vergogne, le qualifier de « malhonnête », de « compromis », voire de « corrompu ». Il s'agit d'expressions au sens très fort et très connoté. Il ne faut pas y voir un quelconque jugement de valeur, et encore moins une signification juridique. Si nous disons, par exemple, que le prestataire de la solution est « corrompu », nous ne sommes nullement en train de parler de corruption au sens classique. Nous signifions simplement que ce prestataire n'est plus digne de confiance par rapport aux propriétés de sécurité qu'on étudie. Dans les cas extrêmes, cela peut être lié à une action de corruption avec un candidat qui souhaite acheter la victoire, mais plus probablement il s'agit d'un problème de sécurité informatique chez le prestataire qui fait qu'un attaquant, interne ou externe, a réussi à prendre pied sur les serveurs et peut donc lire toutes les données qui y sont stockées, voire changer le cours de l'élection, en modifiant par exemple des bulletins.

Une entité (l'ordinateur du votant, le prestataire, l'employeur de l'électeur…) qui est malhonnête au sens ci-dessus devient alors l'attaquant. Plus généralement, si plusieurs de ces entités sont malhonnêtes, alors chacune participe aux objectifs de l'attaque. Sauf mention du contraire, cet attaquant est actif : non seulement il va pouvoir croiser les informations obtenues *via* toutes les entités malhonnêtes, mais il va également pouvoir organiser une action coordonnée qui nécessite de faire envoyer de faux messages par celles-ci dans un certain ordre.

Il est possible de raffiner la notion de malhonnêteté, en insistant sur le fait que l'entité en question est prête à dévier du comportement normal dicté par le protocole, afin d'aider l'attaquant à atteindre son but, mais ne veut pas se faire prendre. On parle alors d'acteur malhonnête mais prudent. La notion duale correspond à celle d'une entité qui est honnête (elle suit scrupuleusement le protocole), mais curieuse (si elle apprend des informations, cela l'intéresse). Nous n'utiliserons pas ces subtilités qui rendent l'analyse potentiellement très compliquée, mais le vote électronique et l'exigence de secret du vote offrent un terrain de jeu privilégié pour les variantes de notion de sécurité impliquées.

Pour finir sur le vocabulaire, il est important de vous présenter deux acteurs omniprésents dans le monde des protocoles et de la cryptographie : Alice et Bob. Traditionnellement, ce sont des « gentils », qui suivent parfaitement le protocole. Dans notre contexte, ce seront très souvent des électeurs. Typiquement, l'attaquant cherche à connaître le vote d'Alice, ou bien il souhaite modifier le résultat, par exemple en essayant de remplacer le vote de Bob par une copie de celui d'Alice. On retrouve Alice et Bob dans de nombreux articles de recherche car cela facilite les descriptions de protocole et les discussions sur leur sécurité. La célébrité de ces entités fictives a de quoi rendre jaloux bien des chercheurs : une page Wikipédia leur est consacrée et il existe même des salles de réunion de laboratoires à leur nom !

Qui est l'attaquant ?

Nous allons tenter de lister les attaquants potentiels, en gardant en tête que plusieurs entités peuvent être simultanément impliquées et qu'elles peuvent alors collaborer pour aboutir à un objectif. Quand il s'agit d'entités qui sont ou qui représentent des personnes, celles-ci peuvent également être des électeurs. Dans ce cas, comme elles passent du côté de l'attaquant, le secret de leur vote n'est plus une considération à prendre en compte, et d'ailleurs, si cela peut aider l'attaque, elles vont accepter de changer leur vote, ou bien d'envoyer un bulletin mal formé, avec l'espoir qu'il provoque des erreurs en chaîne.

Commençons par des attaquants des plus communs, même si, en général, ils ne disposent pas de moyens techniques ou financiers très élevés pour arriver à leurs fins. Il s'agit des proches de l'électeur : sa famille ou ses colocataires. Le but peut être de savoir ce que vote une personne qu'on côtoie tous les jours, voire d'influencer son vote. On peut ensuite élargir au deuxième cercle de l'électeur : son voisinage, ses collègues. Les motivations vont de la simple curiosité à une pression sociale forte. Si le secret du vote n'est pas assuré vis-à-vis de ces attaquants, on peut craindre que cette pression à rentrer dans le moule suffise à influer sur les votes.

Parmi l'entourage direct, il y a ensuite les personnes qui ont un pouvoir clair sur l'électeur, au sens où ils peuvent explicitement offrir une récompense ou infliger une punition selon le vote choisi. On pense ici à un employeur qui incite à voter depuis le lieu de travail, dans un environnement où le secret n'est pas assuré. Cela peut également être un réseau mafieux qui va proposer de l'achat de vote, ou bien menacer l'électeur ou ses proches.

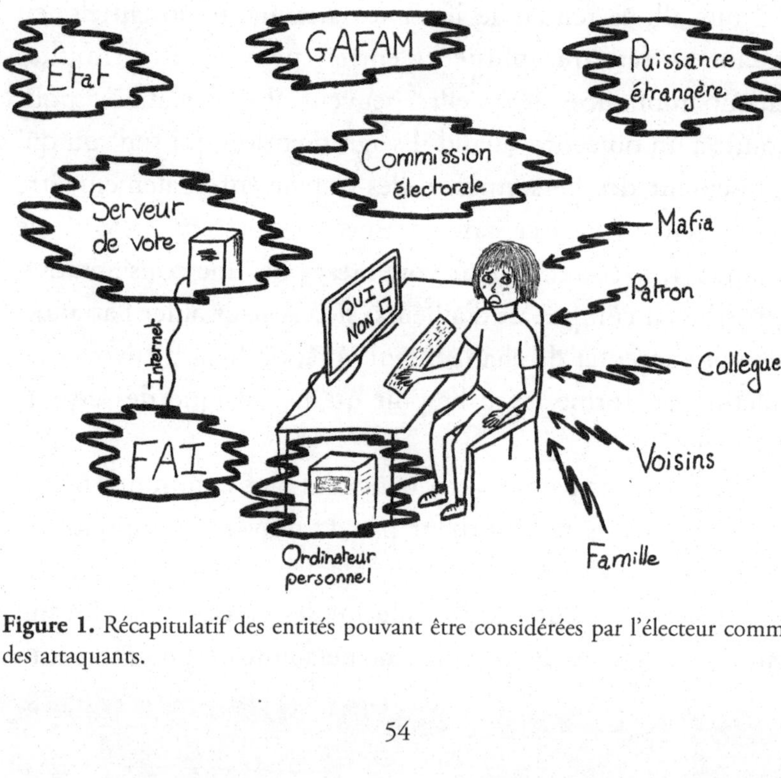

Figure 1. Récapitulatif des entités pouvant être considérées par l'électeur comme des attaquants.

Jusqu'ici, nous avons évoqué uniquement des attaquants externes, au sens où ils ne font pas partie des acteurs de l'élection, à part peut-être comme électeurs. Parmi les entités impliquées dans le processus de vote, un premier niveau d'acteurs potentiellement corrompus (au sens où ils collaboreraient, volontairement ou non, avec l'attaquant) est formé par les organisateurs de l'élection : le bureau, la commission électorale, les assesseurs, etc. Leur pouvoir dépend, bien sûr, de leur rôle dans la mise en œuvre du système. Ils ont en général accès à des tableaux de bord fournis par le prestataire pour surveiller le bon déroulement de l'élection, et sont parfois impliqués dans le dépouillement virtuel. Il s'agit de personnes qui ont un intérêt direct dans l'élection et qui peuvent donc être motivées pour en changer le résultat. À titre d'exemple, un système de vote électronique qui dévoilerait le résultat partiel à tout instant à ces personnes permettrait à un assesseur malhonnête d'aller mobiliser ses troupes, s'il constate que son candidat favori est en train de perdre.

Si on envisage des attaques plus techniques, on peut supposer que l'ordinateur de l'électeur est infecté par un logiciel malveillant qui va l'espionner, voire changer son vote à son insu. Ici, l'attaquant devient l'ordinateur familial ou le téléphone de l'électeur. Bien sûr, ce n'est pas le destinataire final de l'attaque, mais il est important d'être conscient de l'hypothèse de confiance qu'on place sur l'appareil qui sert à voter. L'attaque peut venir juste un cran plus loin que cet appareil, lorsque le fournisseur d'accès de l'électeur transmet l'information vers Internet. Ce fournisseur d'accès n'est pas forcément aveugle. Il s'agit souvent d'un point faible des protocoles, qui supposent trop naïvement l'existence d'un canal de transmission anonyme, car ce fournisseur sait parfaitement qui vous êtes.

Si on continue le trajet du bulletin de vote sur Internet, l'attaquant potentiel qui suit est le prestataire qui reçoit ce bulletin, en général *via* un serveur Web. En tant que point de centralisation, qui plus est exposé à l'extérieur, ce serveur est un attaquant potentiellement très puissant. C'est pourquoi on demande, en général, que les principales propriétés de sécurité soient préservées, même dans le cas où le serveur serait malhonnête.

Terminons ce panorama paranoïaque par des attaquants de nouveau hors du système de vote, mais cette fois-ci extrêmement puissants. Les révélations d'Edward Snowden, en 2013, ont montré que la surveillance de masse d'un État démocratique envers ses propres citoyens n'était pas à exclure. Le cadre légal interdit en théorie à l'État d'espionner le vote des électeurs, mais il est plus raisonnable de ne pas s'en contenter si on voit l'État comme un attaquant potentiel. De même, si des élections de grande envergure ont lieu de manière électronique, cela peut prêter le flanc à des attaques par des organisations ayant des moyens très élevés, comme les GAFAM, ou des services secrets étrangers souhaitant déstabiliser un pays cible.

Définir le modèle de menaces

Toute opération de vote, électronique ou non, se déroule dans un contexte où on fait confiance à certaines parties du système. Dans le cas de toutes petites élections où tous les votants sont dans la même pièce, on peut encore espérer contrôler soi-même que tout est conforme, mais, même ainsi, ça n'est pas évident. Si on utilise des bulletins papier où chacun écrit à la main « oui » ou « non », encore faut-il que les bulletins soient bien identiques, que tous soient pliés de manière similaire, que les stylos soient de la même couleur, que les écritures des protagonistes ne soient pas reconnaissables… et, bien sûr, que chacun cache son bulletin lorsqu'il écrit. Dans le cas d'une élection politique, l'immense majorité des électeurs ne va pas rester à surveiller l'urne. On fait confiance aux individus présents, puisqu'ils sont en quantité suffisante, et représentent des intérêts variés. On fait également confiance au système en général pour que les résultats de chaque bureau de vote soient bien remontés et agglomérés ; peu de gens prennent la peine d'aller vérifier eux-mêmes que les données publiées par l'État sont cohérentes avec ce qu'ils ont pu observer dans leur bureau de vote. Lors d'une élection professionnelle où de nombreux bulletins arrivent par la poste, on fait confiance à la fois aux intervenants successifs chargés d'acheminer les bulletins, et aux personnes qui vont effectuer l'ouverture des enveloppes et le décompte final.

Une tâche importante, quand on passe au vote électronique, est de redéfinir notre modèle de confiance, ou bien, si on prend la vision opposée, notre modèle de menaces. De qui souhaite-t-on se protéger et qui sont les acteurs en qui on a confiance et à qui on va déléguer une partie de la vérification que tout se passe bien ?

Même si c'est une question naturelle et fondamentale, elle n'est que rarement explicitement évoquée lorsqu'on parle de la sécurité d'un système de vote. Dans les recommandations de la CNIL, que nous détaillerons plus loin, on lit, par exemple, que le choix de l'électeur doit être chiffré directement sur l'appareil qu'il utilise, et non par le serveur qui reçoit le bulletin. Il y a donc clairement une décision de ne pas avoir confiance en ce serveur qui est exposé à Internet et potentiellement soumis à de nombreuses attaques. Ou bien est-ce que ce sont le prestataire et son hébergeur eux-mêmes qui sont considérés comme une menace potentielle ? D'autres aspects des recommandations suggèrent que c'est cette deuxième interprétation qui est la bonne.

Décider d'un modèle de menaces est compliqué. Des compromis doivent être acceptés, car il est illusoire de ne faire confiance à absolument personne. Il s'agit d'une décision politique, citoyenne, sociale bien plus que d'une décision technique, mais il faut également garder en tête ce qu'il est possible de réaliser techniquement. Cette difficulté de séparer les moyens techniques employés des hypothèses qu'on met sur l'attaquant est réelle. C'est pourtant la clé de toute discussion sur la sécurité d'un système de vote électronique où l'on souhaite impliquer les utilisateurs et les convaincre de la pertinence (ou de la non-pertinence) de la solution choisie.

Outre l'entrelacement avec les contraintes techniques, une complication supplémentaire vient du fait que l'explicitation de menaces requiert en général de définir un ensemble d'attaquants différents selon la propriété de sécurité qu'on désire préserver. Prenons l'exemple du secret du vote. Pour bon nombre de « petites » élections, la menace principale de ce point de vue est le cercle proche de l'électeur et les personnes directement impliquées dans le scrutin. Dans ce contexte, l'éventualité de perdre le secret du vote vis-à-vis du fournisseur d'accès ou du serveur qui héberge la solution de vote utilisée est moins directement effrayante. Mais, dans la culture française, l'importance du secret du vote est fortement ancrée dans les esprits et on peut légitimement exiger que, pour toute élection, celui-ci soit garanti, même vis-à-vis du fournisseur de service et de ses serveurs. Il s'agit d'un choix à faire, et il ne nous appartient pas de trancher. On constate, à ce stade, un retour sur les questions techniques : protéger les électeurs contre les indiscrétions du fournisseur va forcément impliquer quelques complications dans le protocole. Est-on prêt à payer le surcoût en utilisabilité ? Est-ce que ce surcoût concerne quelques personnes en charge de l'élection ou bien tous les électeurs ? S'agit-il également d'un surcoût financier ?

La question de qui peut être tenté d'influer sur l'issue du scrutin n'est pas la même. Prenons, cette fois-ci, l'exemple d'une élection à fort enjeu, où les élus auront un pouvoir important, par exemple pour décider si une grosse infrastructure (aéroport, parc d'éoliennes) sera construite. Il est tout à fait crédible d'imaginer que certains industriels concernés utilisent des moyens importants pour faire élire la bonne personne, surtout si cela peut se faire de manière discrète. Cet attaquant ne sera probablement pas intéressé par le secret du vote : les opposants à leur projet sont, de toute façon, bien connus. Inversement, un attaquant de type GAFAM, dont l'activité repose sur la richesse des profils de ses utilisateurs, peut au contraire être gourmand de l'opinion des électeurs, sans pour autant avoir de velléités de changer le résultat. Et *quid* du prestataire qui a fourni la solution ? Sa position est délicate. Même avec la meilleure volonté du monde, il doit se protéger des intrusions sur ses serveurs, en provenance aussi bien de l'extérieur que de l'intérieur. Et que penser d'un contexte où l'entreprise serait en difficulté financière et soumise à des pressions de ses créanciers ou d'éventuels repreneurs ? Il est sans doute prudent de lui attacher l'étiquette d'attaquant, quelle que soit la propriété de sécurité à étudier.

Modéliser les menaces, en définissant clairement qui est considéré comme un attaquant et avec quel but, est donc une tâche qui ne peut pas être effectuée de manière uniforme pour toutes les élections et pour tout le monde. Dans les chapitres qui suivent, nous allons lister et étudier les propriétés de sécurité qu'un bon système de vote devrait garantir. Pour éclairer chaque contexte, il faudra revenir à la figure 1 et repérer quelles sont les entités les plus enclines à menacer cette propriété.

CHAPITRE 4

Le secret du vote

Qu'est-ce qu'un bon système de vote ? L'une des propriétés les plus naturelles semble le secret du vote : nul ne doit savoir pour qui j'ai voté. Pourtant, toutes les élections ne s'effectuent pas à bulletin secret. Au contraire, il n'est pas rare d'organiser un scrutin à main levée. Les raisons peuvent être pratiques : il est facile et rapide de voter de cette façon, aucun matériel n'étant nécessaire. Mais les raisons peuvent être plus profondes. Dans un petit comité, un vote ouvert est susceptible d'alimenter des discussions préalables, chaque électeur argumentant son choix, ce qui permet d'atteindre un meilleur assentiment. De même, lorsque des représentants élus, comme des députés ou des représentants syndicaux, sont amenés à voter, il peut être souhaitable que leurs choix soient publics et connus de tous.

Pourquoi le secret du vote ?

Cependant, un vote public ne s'applique pas à tous les contextes. Sans le secret de son vote, un électeur peut être réticent à donner son véritable avis, par crainte de représailles.

Ainsi, à l'issue du procès de Louis XVI, les élus de la Convention nationale furent appelés à voter publiquement du 15 au 17 janvier 1793 sur la culpabilité du roi déchu et sur la sanction qui devait lui être appliquée, de la mort immédiate à une réclusion suivie d'un bannissement. Il est possible encore aujourd'hui[1] de savoir très exactement la position de chaque député. À cause de la période de la Terreur qui s'ensuivit, on imagine aisément que la situation fut difficile pour les députés qui n'avaient pas souhaité condamner Louis XVI à une mort immédiate.

Des problèmes similaires se posent aujourd'hui. Dans certains pays, les électeurs sont amenés à subir des menaces proférées explicitement ou implicitement par le pouvoir en place, des partis politiques radicaux ou bien des groupes mafieux. Même dans un contexte plutôt apaisé comme celui de la France, des pressions existent, certes plus douces : il n'est pas évident de voter différemment de sa famille, de ses voisins ou de ses amis. Au sein d'un village, par exemple, l'élection du prochain maire peut être extrêmement clivante et une prise de position en faveur du perdant peut rendre pénible le quotidien de l'électeur pendant quelque temps, surtout dans des localités de quelques centaines d'habitants. Bien sûr, ces pressions existent également en dehors du monde politique : difficile au sein d'un club sportif d'avouer à son coéquipier qu'on ne le trouve pas assez fiable pour occuper les fonctions de président.

La carotte fonctionnant parfois mieux que le bâton, même lorsque l'électeur ne se sent nullement sous pression,

---

1. La page Wikipédia (https://fr.wikipedia.org/wiki/Votes_sur_la_mort_de_Louis_XVI) liste les réponses des députés à chacune des quatre questions posées, dont : « Quelle peine sera infligée à Louis ? »

il peut être tenté de vendre son vote si celui-ci est public. L'idée n'est pas nouvelle : une peinture de George Caleb Bingham, de 1852 (voir figure 2), représente une élection au sein d'un comté américain, où on peut voir d'élégants notables tendre des billets aux paysans venus voter. L'achat de vote ne se fait pas forcément contre monnaie sonnante et trébuchante. La rétribution peut être l'accès à un service, comme une place en crèche ou la promesse d'un poste au sein d'une association.

Figure 2. *The County election*, 1852, George Caleb Bingham. Un paysan, derrière l'homme en train de voter, se fait proposer un billet par un notable. DR.

Comment cacher son vote électroniquement

Actuellement, lors d'un vote à l'urne, l'isoloir puis l'enveloppe cachent le vote de l'électeur. Le mélange de l'urne avant son dépouillement assure ensuite que personne ne peut faire le lien entre un électeur et son bulletin. Mais ces protections n'ont pas toujours existé. Ainsi, l'isoloir n'a été introduit en France qu'en 1913, suscitant suspicion et moqueries, comme l'illustre la caricature de la figure 3 : pourquoi aurait-on besoin de se cacher pour voter ? Dans l'article du *Pèlerin* qui rapporte l'une des premières utilisations de l'isoloir, l'auteur rêve déjà à des améliorations : « L'urne sonore deviendrait aussi

Figure 3. Premières expériences d'isoloir (appelé cabine d'isolement) aux élections municipales, en Bretagne. Caricature de Damblans, dans *Le Pèlerin*, 23 novembre 1913. DR.

lumineuse ou, du moins, transparente. Les parois en seraient faites, non plus d'un bois impénétrable, mais d'un treillis de métal, derrière lequel il ne pourrait, sans qu'il soit vu, s'accomplir le moindre mystère. » Il est intéressant de noter que, même dans le cas d'un système aussi simple que le vote à l'urne, le procédé s'est amélioré au fil des siècles, en fonction des problèmes rencontrés.

La première difficulté du vote par Internet est l'absence d'isoloir. Il est impossible de s'assurer que l'électeur est seul lorsqu'il exprime son choix. Cela rend le vote électronique plus sensible aux pressions familiales, amicales ou professionnelles. Il peut être ainsi difficile de résister au conjoint qui proposerait de voter « ensemble ». Certains systèmes de vote électronique protègent contre ce type de pression en permettant à l'électeur de voter de nouveau. Ainsi, il peut voter une première fois en présence de son entourage puis modifier discrètement son choix plus tard, quand il est seul. Cependant, donner aux électeurs la possibilité de modifier leur choix rompt l'habitude qu'on a d'un moment de vote solennel et unique. Ce changement ne peut être instauré pour une simple raison technique, il doit faire consensus auprès des électeurs.

D'autre part, il n'est plus possible d'utiliser des enveloppes en papier et une urne en plastique. Pourtant, le bulletin de vote doit voyager de l'ordinateur de l'électeur (ou de son téléphone) jusqu'à des serveurs, c'est-à-dire d'autres ordinateurs qui vont collecter puis dépouiller les bulletins. Pendant ce voyage, le message contenant l'expression du vote de l'électeur va traverser de très nombreux routeurs (eux-mêmes des ordinateurs) chargés de relayer les informations à l'intermédiaire suivant, jusqu'au destinataire final. Il est relativement facile pour un attaquant de pirater voire de posséder certains points de passage importants sur Internet. Le fournisseur de service Internet a bien évidemment accès aux messages envoyés et, si l'électeur est connecté en Wi-Fi, toute personne située à proximité peut capter ce qui circule. C'est pour cela que, même en dehors du contexte d'une élection, les messages sont (ou devraient être) chiffrés entre l'émetteur et le destinataire, pour que seul ce dernier puisse lire le contenu de la communication.

Mais, dans le contexte du vote, chiffrer le vote uniquement lors du voyage entre le votant et le serveur de l'élection ne suffit pas car le serveur verrait le vote à l'arrivée. Envisagerait-on de remettre en main propre son bulletin visible aux organisateurs d'une élection ? Certainement pas. C'est la cryptographie qui prend le relais pour cacher le vote, même vis-à-vis des ordinateurs gérant le scrutin et de leurs administrateurs. Au lieu d'insérer son bulletin dans une enveloppe, l'électeur (ou plutôt son ordinateur) va chiffrer son vote avant de l'envoyer au serveur en charge de la collecte des bulletins. Une première question se pose : si on donne à l'électeur la clé permettant de chiffrer son bulletin, ne va-t-il pas, grâce à cette clé, pouvoir déchiffrer tous les autres bulletins ? Heureusement, ce n'est pas le cas. Le chiffrement utilisé est un chiffrement dit *asymétrique* : la clé permettant de chiffrer est publique et distribuée à tout le monde, mais seul le détenteur de la clé de déchiffrement (la clé dite privée) peut déchiffrer. Cela fonctionne comme pour un cadenas et sa clé : tout le monde peut fermer un cadenas et verrouiller ainsi un coffre. Mais seul celui qui détient la clé pourra l'ouvrir.

Un deuxième problème persiste : celui qui possède la clé de déchiffrement peut ouvrir tous les votes chiffrés et apprendre ainsi ce que chacun a voté. Comme dans une banque, il n'est pas question de confier à une personne une clé permettant à elle seule l'accès à la salle des coffres. Ce serait trop dangereux : cette personne pourrait être malhonnête, ou bien devenir une cible évidente pour des attaquants. Il en va de même pour le vote : au lieu d'une clé unique de déchiffrement, il faut plusieurs clés pour déchiffrer, chacune confiée à une autorité de confiance, de façon que plusieurs autorités soient nécessaires pour procéder au déchiffrement. Les clés de déchiffrement sont ainsi réparties au sein de la commission électorale ou confiées aux représentants des différents partis en lice. Plus les clés sont nombreuses, mieux le secret du vote est protégé puisque toutes les autorités doivent participer au déchiffrement. Mais une trop grande quantité de clés peut former un écueil : lorsqu'une autorité est absente ou perd sa clé, le dépouillement est irréalisable. Les autorités héritent alors d'un pouvoir potentiellement excessif : si l'une d'entre elles suspecte que le résultat de l'élection va lui être défavorable, par exemple à la suite d'un sondage, il lui suffit de prétendre avoir perdu sa clé pour annuler toute l'élection. Pour éviter une telle situation, il est possible de mettre en place un système de seuil : par exemple, trois autorités parmi cinq suffisent pour déchiffrer. C'est aux organisateurs de choisir le bon compromis : plus le seuil est bas, plus l'élection est robuste face à un éventuel manquement (involontaire ou non) des autorités de confiance, mais plus il est facile de déchiffrer, en corrompant ou en piratant le nombre requis d'autorités. La CNIL recommande *a minima* la mise en place d'un seuil de deux autorités parmi trois. Ainsi, même si une autorité fait défaut, le dépouillement est possible, tout en assurant qu'une autorité seule ne puisse pas déchiffrer.

Principes du secret du vote

- Système de chiffrement asymétrique : la clé qui sert à chiffrer ne permet pas de déchiffrer. On peut donc donner la même à tous les électeurs.
- Les clés de déchiffrement des bulletins de vote sont réparties entre plusieurs autorités. Demandez lesquelles !
- Les clés permettant le déchiffrement ne sont jamais présentes sur un support unique ni une machine unique.
- Sauf système de vote très particulier, voir chapitre 11, l'ordinateur de l'électeur a accès à son choix de vote (pas de secret vis-à-vis de l'ordinateur de l'électeur).

Le résultat d'une élection dévoile de l'information

Même si le chiffrement est parfaitement réalisé, même dans le cadre d'un vote à l'urne idéal, il y a un cas où chacun sait ce que les électeurs ont voté : l'unanimité. On considère en général que la perte du secret du vote est alors acceptable, puisque tout le monde est d'accord sur le choix à faire. En réalité, même cette situation peut être embarrassante. Prenons l'exemple d'un comité qui souhaite exclure un membre d'un club pour mauvais comportement. Même si chacun est convaincu du bien-fondé de la décision, il peut être gênant d'assumer avoir voté pour l'exclusion, alors que quelques votes contre l'exclusion permettraient de faire planer le doute. Mais voter contre l'exclusion alors qu'on y est favorable, seulement pour protéger le secret de son vote, est tout aussi problématique. Non loin de l'unanimité, il y a la situation où une seule personne a voté « contre ». Cette personne connaît alors, sans l'ombre d'un doute, le vote de chacun des autres électeurs.

Ce même problème se reproduit de façon plus délicate lorsqu'une élection se décompose en plusieurs bureaux de vote. Les bulletins sont dépouillés dans chaque bureau puis les résultats sont agglomérés pour former le score final de l'élection. Considérons la circonstance d'une élection présidentielle. Même si le résultat est extrêmement disputé, il est tout à fait possible d'obtenir l'unanimité dans un petit bureau, où on rompt ainsi localement le secret du vote. C'est pour cette raison que, dans certaines élections (dans les universités par exemple), les urnes sont regroupées avant d'être dépouillées. La préservation du secret du vote est réalisée au prix d'une perte de transparence : il est difficile d'assurer que les urnes n'ont pas été modifiées pendant le transport. Le secret du vote peut également être compromis par la connaissance de l'historique des élections. Imaginons qu'un jeune couple, Camille et Alix, s'installe dans un petit village. Aux élections qui suivent l'arrivée du couple, et pour la première fois dans ce village, on compte deux voix pour le parti écologiste. Il est facile de déduire la préférence politique de ces nouveaux voisins. La situation se complique encore lorsqu'aux élections suivantes, cinq ans plus tard, Camille constate qu'elle est la seule à avoir voté vert. Gageons que cela a provoqué quelques discussions au sein de son couple.

Le problème est intrinsèque au contexte du vote : *le résultat d'une élection contient de l'information relative aux votes des électeurs*. Si le résultat d'une élection était indépendant du vote des électeurs, ce serait extrêmement problématique ! Chaque élection révèle donc un peu d'information sur le vote de chacun. Les résultats intermédiaires pour chaque bureau de vote sont autant d'informations supplémentaires. Pour certaines élections, comme des élections nationales, ce découpage en de multiples bureaux de vote n'est pas nécessaire. Pourquoi découper un même lieu de vote (comme une école) en quatre ou cinq bureaux distincts pour une élection présidentielle ? Les résultats bureau par bureau des élections sont une information souvent appréciée des décideurs politiques. Il s'agit d'un cas où on souhaite, à l'occasion d'une élection nationale, savoir plus précisément l'orientation politique de chaque quartier, alors que cette information n'est pas la question posée aux électeurs.

La notion de secret du vote renvoie donc à la question fondamentale de savoir la quantité d'information qu'on souhaite tirer du scrutin. Souhaite-t-on juste connaître le gagnant ? Veut-on savoir quelle était sa marge ? A-t-on besoin de ces jolies cartes de France colorées où on voit comment a voté chaque région à l'issue du scrutin ? Envisager le vote par Internet appelle à une prise de conscience que ce qu'on veut, ou croit vouloir, est parfois fortement influencé par l'habitude et les contraintes du vote à l'urne où la proximité géographique a un rôle important.

Cas « naturels » où le secret du vote est perdu

- Unanimité : tout le monde connaît le vote de tous.
- Un seul vote contre : l'auteur de ce vote sait que tous les autres ont voté pour.
- Petit bureau de vote et forte abstention : l'apparition de ce type de problèmes est favorisée.

Le secret du vote ne suffit pas toujours

L'objectif du secret du vote est de permettre à l'électeur de voter librement. Pour se protéger contre des voisins curieux, l'isoloir et l'enveloppe suffisent amplement. Mais si des personnes souhaitent réellement modifier le cours de l'élection, un électeur ne doit pas pouvoir détenir la preuve de son vote, sous peine de devoir la divulguer, par la menace ou la récompense. On parle alors de propriété de « sans reçu ». De la même manière qu'un électeur peut ressortir les poches vides d'un bureau de vote, il faut que, lors d'un vote par Internet, l'électeur ne possède pas de reçu lui permettant de convaincre un tiers qu'il a voté pour un certain candidat. L'exercice est particulièrement délicat puisque les échanges numériques laissent de multiples traces, l'électeur pouvant facilement faire une copie de son bulletin chiffré avant de l'envoyer. Pire encore, celui qui souhaite acheter un vote peut fournir un logiciel dédié à l'électeur, voire lui acheter directement tout son matériel de vote (identifiants et mots de passe). Il est très difficile de concevoir des systèmes de vote par Internet qui permettent de se défendre contre ce type de scénario. On parle alors de résistance à la *coercition** ou à l'achat de vote.

En revanche, le vote à l'urne protège raisonnablement contre des tentatives de coercition, grâce à un règlement précis dont les électeurs n'ont pas forcément conscience. C'est précisément pour résister à l'achat de vote qu'il est interdit de signer son bulletin ou d'y apposer un quelconque signe distinctif. Sinon, une personne pourrait ordonner à chaque électeur sous son emprise d'écrire une suite de chiffres particulière. Cette personne peut ensuite vérifier lors du dépouillement que toutes les séquences demandées apparaissent sur des bulletins au nom du candidat souhaité. En France, de tels bulletins seraient considérés comme nuls. Nous pouvons noter au passage qu'une forme de coercition reste possible : un partisan peut encore forcer des électeurs d'une autre opinion politique à voter nul en leur demandant de signer leur bulletin ou de le plier d'une façon particulière : Alice devra plier son bulletin en forme de girafe, Bob en forme d'éléphant et ainsi de suite. Lors du dépouillement, le partisan vérifie que toutes les formes demandées apparaissent. De tels bulletins seront alors très probablement considérés comme nuls, à l'appréciation du président du bureau. Apprécier si un bulletin est nul est donc une tâche délicate et subjective : il n'est pas aisé lors du dépouillement de déterminer si un bulletin froissé l'a été par inadvertance, et devrait être compté, ou bien s'il porte la marque d'un signe particulier. C'est pourtant une étape clé pour protéger les électeurs contre la coercition.

Attaques « à l'italienne »

Dans certains cas et malgré toutes les protections existantes, il est possible à un électeur de permettre la réidentification de son bulletin. En France, le mode d'élection est en général très simple : l'électeur choisit un candidat (ou une liste) parmi un ensemble réduit (souvent moins d'une dizaine) de propositions.

Dans d'autres pays, le scrutin peut être plus complexe. En Australie, les électeurs sont amenés à classer les candidats par ordre de préférence. En Allemagne, dans certains Länder, l'électeur a autant de voix que de sièges à pourvoir au sein de la chambre à élire. Il peut choisir directement un parti qui propose déjà le bon nombre de candidats ou bien attribuer des voix individuellement à chaque candidat (jusqu'à trois voix par candidat), ou encore mélanger les deux options en choisissant un petit parti ainsi que d'autres candidats. Le nombre de bulletins possibles devient extrêmement grand. On peut alors forcer un électeur à utiliser l'essentiel de ses voix pour un parti et utiliser les quelques voix restantes pour « signer » le bulletin, en choisissant une combinaison improbable de candidats (voir figure 4). Il y a alors très peu de chances qu'un autre électeur produise exactement ce bulletin. L'électeur sous influence n'a d'autre choix que de se conformer aux instructions, sous peine de représailles si son maître chanteur ne retrouve pas le bulletin voulu lors du dépouillement.

Ce type d'attaque est appelé *attaque à l'italienne**, en référence à des pratiques connues en Italie dans les années 1970 et 1980. Encore au début des années 2000, une pétition demandait l'arrêt de ce type de scrutin, en dénonçant le fait qu'un vote s'achetait pour une valeur de 50 euros environ[1]. Un collègue australien nous a même affirmé avoir utilisé cette technique lors d'un vote par Internet, non pas dans un contexte de pression sur son vote, mais pour s'assurer que son propre bulletin était bien présent au dépouillement. Le même type d'attaque apparaît lorsque les électeurs sont appelés à classer les candidats : on peut demander à l'électeur de voter pour certains candidats puis utiliser le reste des choix pour réidentifier le bulletin (il y a peu de chance qu'un électeur choisisse

1. Nous tenons à remercier Roberto Di Cosmo, professeur d'informatique à l'université Paris Cité, Italien, qui nous a signalé quelques anecdotes sur le sujet.

librement d'alterner des partis politiques d'orientation très différente). À nouveau, il s'agit ici d'exemples où les bulletins dépouillés fournissent intrinsèquement de l'information sur les votes de chaque électeur. De façon inattendue, pour une fois, il semble possible de faire mieux en vote par Internet : avec des techniques cryptographiques très avancées, on peut calculer uniquement les vainqueurs d'une élection à partir des bulletins chiffrés, sans rien révéler des bulletins en clair choisis par les électeurs. Il est possible de déterminer le candidat qui a reçu le plus de voix, à partir des bulletins chiffrés, sans révéler s'il y a unanimité ni le nombre exact de voix reçues, comme nous l'évoquerons au chapitre 11, qui présentera différents systèmes de vote.

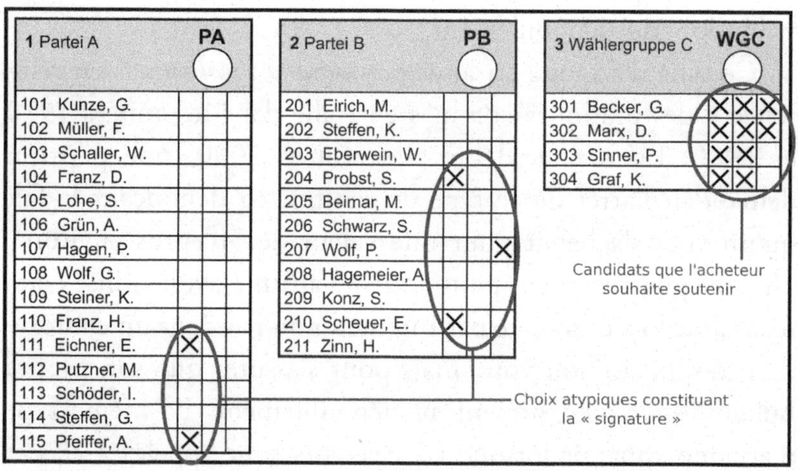

Figure 4. Exemple d'élection avec 15 voix possibles. On peut forcer un électeur à voter pour une certaine proposition, ici le groupe WGC, en « signant » son bulletin avec quelques croix (ici les 5 croix dans la partie gauche). Bulletin rempli d'après une image de Sven Teschke (licence : CC-BY-SA-2.0-DE).

Le secret du vote dans la durée

Lors d'un vote à l'urne, si un attaquant n'a pas réussi à connaître les votes individuels des électeurs au moment du scrutin (par exemple, en plaçant une caméra cachée dans l'isoloir), il n'a *a priori* plus aucun moyen de casser le secret du vote une fois le dépouillement terminé. La situation est bien plus délicate dans le cas du vote par Internet, où garantir le secret dans la durée ne va pas de soi. En effet, les techniques utilisées reposent sur la cryptographie, avec des tailles de clé conçues pour résister aux attaques en l'état actuel des connaissances. Intuitivement, plus la clé utilisée pour chiffrer est longue, plus il sera complexe de la casser, c'est-à-dire de déchiffrer sans connaître la clé de déchiffrement. La cryptographie à *clé publique** repose souvent sur le fait qu'il est difficile pour un ordinateur de factoriser efficacement des entiers : si tout le monde peut retrouver assez facilement que 143 se décompose en 11 × 13, il est très coûteux, même pour un ordinateur, de trouver les facteurs premiers d'un nombre quand celui-ci est très grand et qu'il n'a pas de petits facteurs. En l'état actuel des connaissances, on estime qu'il faudrait environ un milliard d'années de calcul sur une machine spécialisée à un million de cœurs afin de factoriser un nombre à 620 chiffres en écriture décimale, ce qui correspond à une clé de 2 048 bits. Bien sûr, une quantité phénoménale d'énergie électrique serait nécessaire pour alimenter ces machines. C'est pourquoi une clé de 2 048 bits est considérée comme très solide de nos jours. Cependant, ces estimations sont basées sur la technologie actuelle. Les ordinateurs et leur puissance de calcul continuent de progresser, et des sauts technologiques peuvent apparaître. On sait désormais de façon théorique qu'un ordinateur quantique, construit avec une technologie très différente, serait capable de factoriser les entiers de façon efficace. Si on était capable de construire en pratique un ordinateur quantique suffisamment puissant, la plupart des techniques actuelles de chiffrement seraient cassées[1]. Enfin, même si c'est improbable, on peut envisager l'invention d'une technique de factorisation efficace, y compris pour des ordinateurs classiques. Plus probablement, des failles seront peut-être trouvées sur les systèmes de chiffrement tels qu'ils sont utilisés aujourd'hui. Encore plus simplement, les clés de déchiffrement peuvent être retrouvées quelques années plus tard par des personnes malveillantes, si elles n'ont pas été correctement détruites, par exemple lors du renouvellement du parc informatique d'une entreprise.

Pour toutes ces raisons, il est impossible d'affirmer que les techniques de chiffrement et la taille de clé utilisées aujourd'hui seront suffisamment robustes pour résister aux progrès technologiques. Le risque est alors de dévoiler plus tard les votes de chacun, de la même manière qu'on trouve désormais librement sur Internet le détail des votes des députés lors de la condamnation à mort de Louis XVI. On imagine sans peine que certaines positions peuvent être difficiles à assumer vingt ans plus tard pour un homme politique, ou bien tout simplement pour un parent vis-à-vis de ses enfants. Idéalement, le vote par Internet devrait assurer le secret du vote pour toujours, même si l'ensemble des clés de déchiffrement tombait entre des

1. L'algorithme de Peter Shor, inventé en 1994, permet de factoriser les entiers et de calculer des logarithmes discrets très efficacement sur un ordinateur quantique qui serait suffisamment gros. En prévision de ce risque, les chercheurs en cryptographie mettent actuellement les bouchées doubles pour concevoir des systèmes qui résistent à ces attaques quantiques.

mains malhonnêtes. Pour ce faire, il faut que l'ensemble des données publiques ou susceptibles de le devenir ne permette pas de retrouver le vote d'un électeur, même si la cryptographie n'offre plus aucune garantie.

Assurer le secret du vote est donc une tâche bien délicate et nous verrons dans les chapitres suivants de quelle manière les techniques cryptographiques les plus avancées permettent de répondre aux différentes exigences de confidentialité de scrutin. Le secret du vote n'est pourtant pas un but en soi, mais un moyen de la libre expression de l'électeur : le vote est secret pour permettre à l'électeur de s'exprimer comme il le souhaite, sans pression extérieure. Le réel objectif d'une élection est que le résultat reflète l'ensemble des votes des électeurs. C'est là que la tâche se complique : il faut cacher le vote de chaque électeur, tout en permettant à chacun de s'assurer que les votes proviennent d'électeurs légitimes et qu'ils sont correctement comptés. Il faut donc garantir le secret du vote tout en assurant la transparence du scrutin, deux propriétés antagonistes, du moins en apparence.

CHAPITRE 5

Traçabilité et transparence : la vérifiabilité

Lorsqu'il est effectué dans les règles de l'art, le vote à l'urne offre une garantie forte de la cohérence du résultat proclamé avec les intentions des électeurs. De plus, cette garantie est visible et compréhensible facilement par tous. Le terme de transparence a alors un sens on ne peut plus concret, puisqu'il qualifie l'urne utilisée qui permet à l'observateur de voir son contenu. La transparence au sens abstrait est également présente, puisque c'est l'ensemble du processus, de l'isoloir au dépouillement, qui permet de garantir la sincérité du scrutin : une urne transparente ne servirait à rien si on faisait le dépouillement dans un endroit clos où les bulletins pourraient être remplacés.

C'est bien sûr la notion abstraite de transparence qu'on va chercher à transposer au monde du vote à distance et en particulier pour le vote par Internet. Pour obtenir des garanties fortes sur le résultat, les électeurs doivent pouvoir, d'une manière ou d'une autre, retrouver la trace de leur vote dans des données d'audit, et vérifier que les différentes étapes n'ont pas permis de manipuler les voix. Dans le milieu du vote électronique, tout cela est regroupé sous le terme général de « vérifiabilité ».

Contrairement à d'autres systèmes informatiques où un bug ou une malveillance va provoquer des effets visibles, la nécessité de préserver coûte que coûte le secret du vote rend délicate, voire impossible, une investigation *post mortem* en cas de doute. C'est pourquoi la conception même d'un système de vote doit fournir les éléments et les procédures d'audit, de manière à offrir des garanties convaincantes sans compromettre le secret.

Un prérequis : des spécifications publiques

Si un observateur est envoyé dans un bureau de vote pour rendre compte de la tenue d'une élection, il doit connaître au préalable le fonctionnement du processus de vote : présence d'isoloirs, urne transparente ou non, protocole de dépouillement, etc. Il en est ainsi dans le domaine du vote électronique. Le fonctionnement d'un système de vote doit donc être détaillé ; autrement dit, les spécifications du système rendues publiques et précises. Ces spécifications décrivent le fonctionnement général du système de vote, en particulier la mise en place de l'élection, la création d'un bulletin chiffré ou les conditions pour qu'un bulletin soit ajouté dans l'urne. Elles précisent également le rôle de chacun et les vérifications à effectuer. C'est la connaissance globale du système qui permet de s'assurer que celui-ci assure effectivement un bon niveau de transparence.

Reprenons l'exemple du vote à l'urne. Chaque participant sait ce qu'il doit faire. L'électeur doit s'assurer de glisser son bulletin de vote dans une enveloppe, à l'abri des regards. Il doit ensuite glisser l'enveloppe dans l'urne sans lâcher l'enveloppe pour éviter toute modification. Les membres du bureau de vote sont chargés de l'authentification des électeurs et de la tenue de la liste d'émargement. Chaque membre a, en fait, un rôle plus précis : le président contrôle l'ouverture de l'urne, un assesseur vérifie l'identité de l'électeur, un autre que l'électeur apparaît dans la liste électorale et n'a pas déjà voté. Chaque rôle pris indépendamment n'a de sens que dans le cadre du fonctionnement général.

Les prestataires de vote électronique peuvent parfois être réticents à dévoiler le fonctionnement de leur système. Il est pourtant impossible de se passer de sa description exacte. Par exemple, il serait absurde d'ajouter un module de vérification qui permettrait à l'électeur de « s'assurer » que son bulletin est dans l'urne si on ne dit pas quelles sont les vérifications effectuées, qui y a accès et qui peut les contrôler. D'autre part, des spécifications publiques sont, de façon générale, une bonne pratique pour la sécurité d'un système. Dès le XIXe siècle, Auguste Kerckhoffs, cryptographe militaire, énonçait ce qui est désormais appelé le *principe de Kerckhoffs* : la sécurité d'un système de chiffrement ne doit pas reposer sur son secret car il peut toujours tomber aux mains de l'ennemi. En d'autres termes, rien ne sert de cacher les principes de fonctionnement d'un système, il doit être sûr, quoi qu'il en soit. Rendre public le fonctionnement d'un système permet même d'augmenter le niveau de confiance en sa sécurité. En effet, de nombreux spécialistes en sécurité peuvent alors étudier les spécifications en détail et détecter des faiblesses avant qu'elles ne soient exploitées par des personnes malveillantes. Ainsi, tous les algorithmes de chiffrement recommandés à l'heure actuelle ont un fonctionnement entièrement public. Autre exemple, le protocole TLS, qui intervient dans la sécurisation de la majorité des communications sur Internet, est également un protocole aux spécifications publiques.

Plusieurs pays ont exigé des spécifications publiques pour le vote électronique. C'est le cas de la Suisse, qui en fait un prérequis dans ses réglementations fédérales. Ce fut également le cas de la Norvège lorsqu'elle a procédé à la mise en place de plusieurs élections électroniques à vocation de test. Ces deux pays sont même allés plus loin en demandant que le code source utilisé par le serveur de vote soit publié. Voilà à nouveau une bonne pratique en sécurité pour permettre l'audit du code par le plus grand nombre.

Il est cependant important de faire la distinction entre spécifications et code. Les premières décrivent de façon précise le fonctionnement et les propriétés attendues, tandis que le code est une façon de réaliser les spécifications. Dans le cadre du vote électronique, il n'est pas nécessaire que tout le code soit public. Il est de toute façon absolument impossible de s'assurer que c'est le « bon » code qui est exécuté sur le serveur. Il faut forcément faire confiance au prestataire qui a installé le code sur le serveur, ainsi qu'aux très nombreux éléments permettant de le faire fonctionner, du système d'exploitation aux logiciels gérant le réseau ou les bases de données, sans oublier le matériel (disque dur, processeur) utilisé. Impossible de parler de transparence dans ce cas ! L'idée est au contraire de pouvoir seulement s'appuyer sur certaines propriétés observables du système. Ainsi, un observateur n'a pas besoin de connaître le procédé de fabrication d'une urne et la nature des plastiques utilisés pour s'assurer que celle-ci est fermée, transparente et initialement vide. Un bon système de vote doit ainsi laisser suffisamment de traces publiques pour que chacun puisse s'assurer de son bon fonctionnement.

Pour cela, il faut cependant utiliser des algorithmes et donc un logiciel. Souvent, le prestataire met à disposition des outils de vérification. Mais si le prestataire a volontairement introduit des failles dans son protocole, pourquoi n'adapterait-il pas le logiciel de vérification de manière que ces failles ne soient pas révélées ? Pour faire confiance aux outils de vérification, il faut analyser le code source, ou développer des outils de vérification indépendants en se référant à la spécification. D'autres parties du code restent critiques dans un système vérifiable. C'est le cas en particulier du logiciel utilisé par l'électeur, qui pourrait transmettre le vote en clair. À nouveau, seule une analyse du code permet d'écarter ce risque. Si on résume, un système vérifiable permet de limiter radicalement les portions de code « de confiance » à rendre publiques et à analyser. Bien sûr, publier l'ensemble du code d'un système de vote reste une excellente pratique. Cela permet de se faire une idée de sa qualité et de détecter de façon précoce d'éventuels écarts avec la spécification.

Les différentes notions de vérifiabilité

Dans le monde de la messagerie instantanée, l'expression « chiffrement de bout en bout » est apparue il y a une dizaine d'années pour insister sur la volonté de préserver la vie privée des interlocuteurs, y compris vis-à-vis de l'entreprise qui fournit le service, et dont les serveurs peuvent être nombreux et hébergés un peu partout sur la planète pour des raisons d'efficacité. Par analogie, les acteurs du vote électronique parlent de *vérifiabilité de bout en bout*. Le système de vote doit être conçu de manière à convaincre qu'entre l'intention des électeurs et le résultat proclamé il n'y a eu aucune intervention de la part des serveurs qui ont traité les bulletins, de la part des autorités qui détiennent les clés de déchiffrement, et, finalement, de la part de toute entité impliquée légitimement ou illégitimement dans le processus.

Cette notion de vérifiabilité de bout en bout est bien celle qu'on souhaite. Reposant uniquement sur les deux « bouts » que sont la volonté des électeurs et le résultat, elle est indépendante de la mise en œuvre du système. Tout ce qu'on veut, c'est que le système, quel qu'il soit, ne puisse pas tricher. Néanmoins, il est utile de développer cette définition et de la décomposer en propriétés élémentaires dont la conjonction mènera à l'objectif général. À cette fin, nous allons désormais supposer que le système de vote considéré fonctionne avec une urne virtuelle. Dans un premier temps, les bulletins chiffrés des électeurs vont être accumulés dans l'urne. Une fois le scrutin clos, l'urne est dépouillée par les autorités de déchiffrement afin d'obtenir le résultat. Imitant le vote classique, le rôle pivot que joue ici l'urne est présent dans l'immense majorité des systèmes de votes informatisés.

La *vérifiabilité individuelle* prend le point de vue d'un unique électeur. Celui-ci doit pouvoir vérifier que son bulletin est bien présent dans l'urne. Cela nécessite presque invariablement une action qu'il devra effectuer après avoir envoyé son bulletin. En effet, contrairement au vote en présentiel, le « geste virtuel » de glisser le bulletin dans l'urne devient un processus complexe d'envoi sur Internet, ce qui implique que la présence dans l'urne n'est pas *a priori* indissociable de l'envoi. Redisons-le, idéalement cette conviction de l'électeur que son bulletin est bien présent dans l'urne ne doit pas reposer sur un argument d'autorité tel que l'honnêteté du serveur qui héberge la base de données faisant office d'urne virtuelle. L'objectif est d'avoir le même niveau de garantie que celui dont dispose l'électeur, qui peut suivre des yeux dans l'urne transparente l'enveloppe qui contient son bulletin.

La *vérifiabilité universelle* concerne l'étape suivante : les électeurs doivent être assurés que le résultat annoncé est bien conforme aux bulletins dans l'urne. Évidemment, il ne suffit pas que les autorités de déchiffrement clament leur intégrité. Il est légitime d'exiger le même niveau de garantie que lors du dépouillement des bulletins papier dans un bureau de vote, où tout un chacun peut observer le processus et constater que le décompte des voix est correct. Il est intéressant de noter que cette propriété est « universelle » au sens où, en général, les vérifications peuvent être menées par des auditeurs indépendants, et pas seulement par les électeurs. De nouveau, l'analogie est claire avec les bureaux de vote traditionnels susceptibles d'accueillir des observateurs extérieurs, par exemple issus d'organisations internationales non gouvernementales. Souvent, les mécanismes mis en place pour une élection électronique vérifiable permettent d'aller plus loin que le vote papier : s'assurer que le résultat correspond aux bulletins est possible, même plusieurs semaines après la fin du scrutin, alors qu'un recompte des voix *a posteriori* perd rapidement son sens dans un vote papier dans la mesure où les bulletins ne sont plus surveillés.

La *vérifiabilité de la légitimité* est une propriété qui vise à protéger contre le bourrage d'urne. Dans un bureau réel, où tout se passe dans les règles, il est assez facile de surveiller l'urne et donc de contrôler que tous les bulletins qui s'y trouvent à la fin de la journée proviennent bien des électeurs légitimes.

Dans le monde virtuel, il est nécessaire d'avoir le même type de garantie. Les électeurs doivent être convaincus que l'urne qui est envoyée aux autorités de déchiffrement ne contient que des bulletins légitimes. L'aspect virtuel de l'urne rend cette vérification d'autant plus critique. Si le serveur qui l'héberge est malhonnête ou s'est fait pirater, quoi de plus facile pour lui que d'inclure quelques bulletins supplémentaires, en profitant typiquement d'un taux d'abstention suffisant pour que cela passe inaperçu ? Un système de vote de qualité va donc devoir offrir des moyens de prouver que de telles manipulations ne se sont pas produites.

Une dernière propriété est traditionnellement séparée de la vérifiabilité individuelle, même si on pourrait considérer qu'elle en fait partie, ou du moins que la frontière entre elles est ténue. Il s'agit de garantir à l'électeur que le bulletin tel qu'il part de son ordinateur ou de son téléphone contient bien son intention de vote. L'objectif est de prémunir l'électeur contre un comportement malveillant de son propre ordinateur. En effet, un ordinateur infecté pourrait tout simplement tenter de voter « Alice » lorsque l'électeur sélectionne « Bob ». Comme le secret du vote impose en général que le bulletin soit chiffré, il n'est pas aisé de vérifier que le vote de l'électeur n'a pas été modifié. Il est donc pratique d'isoler cette notion afin de mettre en lumière que certains systèmes ne la respectent pas. Dans la suite, nous l'appellerons *vérifiabilité de l'intention*.

Pour conclure, ces quatre notions de vérifiabilité individuelle, universelle, de légitimité et d'intention se complètent de sorte que les offrir toutes revient à offrir la vérifiabilité de bout en bout.

Mentionnons, enfin, que les définitions précises de ces différentes notions sont assez fluctuantes dans la littérature du vote électronique. Une des raisons est que le domaine est encore jeune. En tout cas, il ne faut pas perdre de vue que l'objectif final reste une propriété de vérifiabilité de bout en bout. Le découpage en propriétés élémentaires doit être tel que, si toutes les propriétés sont valides, alors le système étudié possède réellement la propriété de vérifiabilité de bout en bout. Mais il est parfois naturel d'ajuster le découpage à la nature du système pour que l'argumentaire de sécurité soit plus facile à mener. D'autre part, nous verrons, au chapitre suivant, qu'il ne suffit pas de détecter une irrégularité. Il faut aussi pouvoir identifier le coupable et agir en conséquence.

Grandes étapes de la vérifiabilité

- Vérifiabilité de l'intention : mon bulletin contient bien mon intention de vote, même si mon ordinateur est compromis.
- Vérifiabilité individuelle : je peux vérifier que mon bulletin est présent dans l'urne.
- Vérifiabilité universelle : toute personne qui le souhaite peut vérifier que le résultat proclamé correspond aux bulletins dans l'urne.
- Vérifiabilité de la légitimité : toute personne qui le souhaite peut vérifier que les bulletins proviennent d'électeurs légitimes.

N.B. : l'urne doit donc être publique. La description du système aussi.

Rendre l'urne publique

Dans les définitions qui précèdent, nous avons plus ou moins explicitement fait des hypothèses sur le processus de vote. Nous y parlons facilement du serveur auquel les électeurs vont envoyer leur bulletin, et qui est donc supposé héberger l'urne. Il faut garder à l'esprit qu'il s'agit d'une manière de faire parmi d'autres. Même si l'existence d'une urne est presque inévitable, le passage par un serveur centralisé pour y envoyer les bulletins n'est pas une obligation.

Imaginons, pour un instant, que le secret du vote n'est pas requis. Une méthode offrant de très bonnes garanties de vérifiabilité peut alors facilement être mise en place, en reproduisant virtuellement un vote à main levée : chaque électeur peut publier son choix, en clair, sur son compte Twitter. Le résultat du vote est ainsi calculable par tout le monde, en visitant les publications Twitter de tous les membres de la liste électorale. Afin de faciliter la vérifiabilité, une entité peut publier l'urne sous forme d'un résumé des votes de chacun, avec à chaque fois un lien vers le message Twitter contenant le « bulletin ». Cette entité n'a pas besoin de privilège particulier, tout le monde pouvant rendre publique une telle urne. En cas de désaccord entre les différentes urnes publiées, il est aisé de pointer les erreurs, qu'elles soient volontaires ou non. Mais est-ce vraiment un système vérifiable ? Le lecteur a certainement tiqué, quelques lignes plus haut, sur l'utilisation d'un réseau social dans ce type de contexte. Avec raison. Outre le fait rédhibitoire que tous les électeurs ne sont pas forcément adeptes de ce réseau, la vérifiabilité du système repose implicitement sur le fait que ce qui est écrit sur une page Twitter sera visible par tous et que tout le monde y lira la même chose. La sincérité du scrutin est donc subordonnée à l'hypothèse que Twitter va se comporter de manière honnête, ce qui ne serait pas acceptable dans une élection à fort enjeu.

Gardons toutefois en tête cet exemple, et surtout l'idée que rendre l'urne publique peut faciliter une partie de la vérifiabilité.

Le secret du vote impose toutefois que l'urne ne contienne que des bulletins chiffrés, ou tout au moins qu'on ne puisse pas faire le lien entre les votes en clair et les électeurs. Et pourtant, chaque électeur doit pouvoir reconnaître son propre bulletin, afin d'obtenir la vérifiabilité individuelle. De plus, même si les bulletins sont chiffrés, tout le monde doit pouvoir constater que le résultat proclamé correspond bien au contenu de cette urne publique. En résumé, rendre publique l'urne contenant les bulletins chiffrés ne résout pas automatiquement tous les problèmes de vérifiabilité, car il faut aussi préserver le secret du vote. Mais cela reste une solution fréquemment employée.

Au-delà du contenu de l'urne et de ce qu'on en fait, la mise en place d'une urne publique n'est pas chose aisée si on ne souhaite pas faire confiance à une entité unique qui l'hébergerait. Tout le monde doit pouvoir l'observer à tout instant ; on pense donc immédiatement à une page Web listant les bulletins présents dans l'urne et se mettant à jour au fur et à mesure des votes des électeurs. Des auditeurs indépendants doivent pouvoir s'assurer qu'une fois qu'un bulletin est apparu dans l'urne il ne disparaît plus jusqu'au moment du décompte final. Télécharger fréquemment la page Web, de plusieurs endroits différents, et vérifier que l'évolution est conforme aux règles permet de se rassurer. Mais, bien sûr, on souhaite idéalement une solution qui soit plus résistante aux tricheries éventuelles. Une approche pertinente est de décentraliser l'hébergement de l'urne sur un certain nombre de serveurs, en faisant l'hypothèse qu'une proportion raisonnable de ces serveurs est honnête, si bien que les malhonnêtes seront détectés.

Cette approche n'est pas sans rappeler les paradigmes au cœur des cryptomonnaies, qui s'appuient toutes sur le principe de la blockchain. L'idée de la décentralisation y est inhérente, ainsi que l'aspect irréversible de toute écriture d'une transaction dans la chaîne. Il pourrait alors être tentant de sauter le pas et d'envoyer les votes dans la blockchain d'une cryptomonnaie qui servira d'urne publique. Le problème de cette approche est que les analyses de sécurité et les modèles de confiance d'une blockchain sont, en général, indissociables de sa cryptomonnaie. Il est nettement préférable de s'appuyer sur les algorithmes sous-jacents (qu'on appelle algorithmes de consensus), expurgés du contexte blockchain. L'analyse de sécurité du système de vote en sera d'autant simplifiée.

Pour en revenir à notre problème de vérifiabilité, rendre publique l'urne est une solution fréquemment employée qui va permettre aux électeurs de s'assurer que leur bulletin est bien pris en compte, garantissant ainsi la vérifiabilité individuelle. Pour cela, des outils cryptographiques sont nécessaires : chiffrement pour préserver le secret du vote et *signature** pour la vérifiabilité de la légitimité. De manière plus surprenante, la vérifiabilité universelle va également être facilitée par la publication de l'urne grâce, encore, à la cryptographie, comme nous allons le voir maintenant.

Prouver sans révéler : *le* zero-knowledge

Le concept de *preuve à divulgation nulle de connaissance* est apparu au milieu des années 1980. L'idée générale est de prouver un fait sans rien révéler d'autre que la véracité de ce fait. Imaginons que j'aie découvert une démonstration de l'hypothèse de Riemann, un célèbre énoncé mathématique qui reste à l'état de conjecture depuis un siècle et demi. Légèrement paranoïaque, j'ai peur de me faire voler mon résultat ; je souhaite donc prouver le fait : « Je connais une démonstration de l'hypothèse de Riemann », sans pour autant donner le moindre indice sur ma stratégie de démonstration. L'outil dont j'ai besoin est précisément une preuve à divulgation nulle de connaissance. Notons que la terminologie anglaise est *zero-knowledge proof*, ce qui est beaucoup plus court. En attendant qu'une traduction française plus élégante que « preuve à divulgation nulle de connaissance » apparaisse et fasse consensus, nous nous permettrons d'utiliser l'anglicisme et parlerons de *preuve* zero-knowledge*, et diviserons ainsi par deux le nombre de syllabes à prononcer.

C'est surtout lors du dépouillement qu'on va se reposer fortement sur les preuves *zero-knowledge*. En effet, grâce à celles-ci, il devient possible pour les autorités de collectivement prouver que le dépouillement de l'urne qu'elles ont effectué en utilisant leurs clés de déchiffrement est fidèle aux bulletins chiffrés. En rendant ces preuves *zero-knowledge* publiques, tout comme l'urne, tout le monde peut vérifier que le résultat annoncé est bien conforme aux bulletins présents dans l'urne ; la vérifiabilité universelle est ainsi assurée. Le détail technique de comment fonctionnent ces preuves *zero-knowledge* n'est pas important à ce stade ; nous en reparlerons au chapitre 8.

La boîte à outils du *zero-knowledge* est puissante, et les coûts en termes de calculs restent modérés par rapport à l'efficacité des téléphones et autres tablettes (sans même parler des ordinateurs personnels). Le reproche qu'on peut faire aux preuves *zero-knowledge* dans un contexte de vérifiabilité est que la preuve obtenue est une preuve au sens mathématique, ce qui est beaucoup moins parlant pour le commun des mortels que de surveiller de ses propres yeux une urne physique en cours de dépouillement. Mais le fait que la vérification des preuves *zero-knowledge* puisse être menée par tous offre une opportunité d'audit externe telle que la plupart des systèmes de vote modernes vont y avoir recours.

Un point faible : l'ordinateur de l'électeur

Une question légitime revient fréquemment : si un logiciel malveillant est présent sur la machine dont je me sers pour voter, qu'advient-il de la sécurité de mon vote ? Il est tentant de répondre qu'on ne peut rien y faire et que c'est une faiblesse inhérente au vote par Internet. Ça n'est cependant pas une fatalité, même si se prémunir contre une attaque de l'intérieur de la machine du votant est loin d'être aisé.

Mais rappelons tout d'abord les dégâts que peut potentiellement faire un logiciel malveillant (un *malware*). Les origines de l'infection de la machine peuvent être très diverses. La non-application des mises à jour de sécurité et le téléchargement de logiciels douteux sont les causes premières. Mais des méthodes plus sournoises sont apparues, usant de l'ingénierie sociale pour inciter l'utilisateur à cliquer là où il ne devrait pas. Courriels alléchants ou effrayants, publicités étonnantes sur des sites Web de grande fréquentation : bien malin l'internaute qui peut prétendre qu'il ne se fera jamais piéger ! Et une fois qu'on est arrivé sur un site malveillant ou encore qu'on a ouvert un « colis piégé » en pièce jointe d'un courriel, la moindre faille de sécurité dans les logiciels qu'on utilise risque d'être exploitée, ouvrant la porte à un contrôle total de la machine par une entité extérieure, dans les cas les plus extrêmes. Si cette dernière a précisément pour objectif d'attaquer une élection par Internet, le logiciel malveillant va guetter le moment où l'électeur se présentera sur le site de l'élection pour voter. Le secret du vote sera bien sûr compromis, puisque le logiciel malveillant pourra observer les mouvements de la souris et en déduire le candidat qui a eu l'honneur de recevoir le clic. La cryptographie ne peut rien à ce stade car l'attaque se produit en amont, lorsque les noms sont écrits en toutes lettres afin que l'électeur fasse son choix. Plus effrayant encore, ce même logiciel malveillant peut se substituer au programme de vote légitime et envoyer un bulletin chiffré qui ne correspond pas au clic effectué. Lors des législatives de 2012, les Français de l'étranger pouvaient voter par Internet. Un ingénieur français résidant à Amsterdam, Laurent Grégoire, a réalisé, en guise de démonstration, un petit programme modifiant le vote de l'électeur : lorsque celui-ci optait pour un candidat à l'aide de son navigateur, c'est un concurrent qui était systématiquement choisi. Ce programme avait la capacité d'être installé à l'insu de l'électeur, si celui-ci consultait simultanément un site malveillant.

En résumé, si l'ordinateur de l'électeur est compromis, non seulement l'intention de l'électeur est connue de l'attaquant, mais en plus elle peut être modifiée avant d'être envoyée dans l'urne. Comme les opérations de vérifiabilité individuelle sont en général effectuées au moment du vote, sur la même machine, il va être possible pour le logiciel malveillant de les intercepter et de toujours afficher à l'écran des messages rassurants. Et tout cela pourrait se faire sans laisser de traces, puisque le logiciel malveillant peut tout à fait s'autoeffacer une fois sa mission accomplie. Le crime parfait !

Cependant, il ne faut pas sombrer dans la paranoïa, car il est improbable qu'un logiciel malveillant récupéré au hasard d'une navigation Internet cible précisément l'élection pour l'assemblée générale de l'association sportive locale à laquelle l'internaute comptait participer en ligne. Mais pour des scrutins à fort enjeu, dont l'issue pourrait être changée par les bulletins émis en ligne, la menace doit être prise au sérieux. C'est l'intérêt d'avoir isolé la notion de *vérifiabilité de l'intention*, afin de ne pas négliger cet aspect dans l'analyse de sécurité d'un système qui aurait vocation à être utilisé, par exemple, pour des élections politiques majeures.

Lutter contre la perte du secret du vote en présence d'un logiciel malveillant semble vain, tant que l'électeur n'utilise qu'une machine pour voter. Il existe des prototypes de laboratoire où l'électeur va utiliser une combinaison d'appareils, par exemple son ordinateur personnel et son téléphone. Il est alors possible de garantir le secret du vote, sauf si les deux machines sont infectées par des logiciels malveillants qui communiquent entre eux, ce qui est bien plus difficile à mettre en œuvre pour un attaquant. Malheureusement, cette sécurité supplémentaire se fait au prix d'une complexité accrue des opérations à effectuer par l'électeur.

Des alternatives nettement plus ergonomiques existent, mais elles reposent sur l'envoi préalable par la poste de matériel de vote. Pour simplifier, on peut imaginer que la feuille de papier reçue propose des codes pour tous les candidats : « Entrez 3 pour le candidat A, 2 pour le candidat C, et 1 pour le candidat B. » Chaque électeur reçoit des codes différents. Ainsi Alice utilisera le code 3 pour le candidat A alors que Bob entrera 1. Le logiciel malveillant ne pourra pas voir ce qui est écrit sur le papier, et ne saura pas interpréter le choix qu'il aura espionné. La protection peut aller plus loin, toujours en s'appuyant sur des données envoyées à l'avance par courrier. Sur une deuxième feuille, l'électeur va trouver des *codes de retour* qui, de nouveau, lui seront propres. Chaque code (par exemple un nombre à 4 chiffres) correspond à un choix de candidat. Une fois le bulletin chiffré reçu par le serveur de vote et inclus dans l'urne, un message est envoyé à l'électeur avec le code correspondant au candidat du bulletin. Ainsi, l'électeur a la garantie que c'est bien son intention qui est prise en compte : le logiciel malveillant n'ayant pas accès à la feuille, il ne peut pas deviner quel code de retour afficher à l'électeur. Précisons toutefois que garantir le secret du vote devient alors un problème difficile, faisant appel, d'une part, à des processus cryptographiques complexes, et, d'autre part, à des hypothèses de confiance sur les divers acteurs, y compris les procédures d'impression et d'envoi de courrier.

Revenons, pour finir, à un cadre où un envoi postal n'est pas souhaitable, pour des raisons de coût ou de délai. La technique la plus célèbre dans le milieu académique est appelée *défi de Benaloh*, du nom du chercheur qui l'a proposée, il y a une quinzaine d'années. Elle ne résout pas la question du secret du vote vis-à-vis de l'ordinateur de l'électeur, mais permet la vérification de l'intention. L'idée est d'offrir aux électeurs l'opportunité de tester le comportement du logiciel présent sur leur machine afin de s'assurer qu'il fonctionne comme attendu et chiffre bien leur intention. Juste avant de sélectionner son choix sur l'interface, l'électeur doit décider soit de voter pour de bon, soit de procéder à un audit. Cette décision, l'électeur la garde en tête pour l'instant. Mais s'il décide de procéder à l'audit, il doit faire un choix de candidat quelconque, pas forcément celui qu'il sélectionnera lors du véritable vote. Idéalement, le choix doit rester crédible, afin que le logiciel malveillant ne puisse pas trouver moyen de deviner, à ce stade, si c'est un audit ou pas. La procédure normale suit alors son cours sur la machine de l'électeur : le bulletin est préparé en suivant les spécifications du protocole de vote. Le choix de l'électeur est chiffré, et les preuves *zero-knowledge*, les signatures et tout ce qui est nécessaire sont ajoutés pour former un bulletin prêt à être envoyé au serveur. Ce bulletin est alors affiché à l'électeur. À ce moment précis, celui-ci va dévoiler sa volonté ou non d'auditer. S'il avait décidé de voter pour de bon et qu'il a indiqué sa réelle intention, alors il valide l'envoi. Mais s'il avait décidé de passer par une phase d'audit, il doit recopier le bulletin qui est affiché, et ensuite indiquer à l'interface de vote que c'était un audit. Le logiciel, malveillant ou non, doit alors révéler toutes les données internes qui lui ont permis de fabriquer le bulletin, en particulier la partie chiffrée.

On s'appuie ici sur une propriété importante du chiffrement asymétrique évoqué au chapitre précédent : pour chiffrer un message, on a besoin de la clé de chiffrement (qui est publique), mais aussi d'un message annexe aléatoire et à usage unique. La connaissance de ce message annexe permet de déchiffrer le message sans la clé de déchiffrement. En effet, il suffit de regarder ce que donne le chiffrement de tous les candidats possibles avec ce message annexe, puis de reconnaître le moment où on obtient le message chiffré. Lors du défi de Benaloh, c'est le message annexe qui est révélé à l'électeur en cas d'audit. Celui-ci peut alors envoyer le bulletin chiffré et cette donnée supplémentaire à un serveur indépendant (et de nouveau, si possible, imprédictible par le logiciel malveillant). Ce serveur d'audit pourra alors déchiffrer le bulletin sans connaître la clé de déchiffrement, et afficher à l'électeur le candidat correspondant.

Malheureusement, le serveur d'audit ne peut pas communiquer directement avec l'électeur. Si l'ordinateur de ce dernier est compromis, il peut à nouveau tromper l'électeur en modifiant les informations envoyées par le serveur et en affichant le choix initial du votant. Il serait ainsi souhaitable que l'électeur utilise une autre machine pour consulter le résultat de l'audit. Sans forcément comprendre les techniques cryptographiques impliquées, l'électeur peut suivre les consignes et répéter la phase d'audit un certain nombre de fois avant de procéder à son vote effectif. Si le serveur d'audit lui indique un candidat différent de celui qu'il avait choisi, l'électeur ne doit surtout pas voter depuis cette machine. Il faudrait aussi signaler le problème aux autorités qui pourront mener une enquête et chercher la trace d'un logiciel malveillant sur les machines du même type.

L'efficacité du défi de Benaloh repose de manière fondamentale sur la capacité de l'électeur à avoir un comportement imprédictible de la part d'un éventuel logiciel malveillant. Dans un monde idéal, l'électeur va lancer une pièce de monnaie et décider s'il audite ou non en suivant le côté pile ou face, et cela même s'il vient déjà d'auditer le système plusieurs fois. Dans le monde réel, il est fort probable que la plupart des électeurs se contenteront de voter sans auditer le système. Un logiciel malveillant peut alors tenter de viser un public moins technophile, par exemple en ciblant des utilisateurs qui n'emploient pas un navigateur à jour. Supposons tout de même qu'un électeur courageux mène la procédure d'audit et détecte une anomalie : son ordinateur n'a pas chiffré le vote souhaité. Il doit alors se plaindre aux autorités. Malheureusement, il ne peut pas apporter de preuve du dysfonctionnement. Après tout, c'est l'électeur qui prétend qu'il a choisi le candidat A alors que l'ordinateur a chiffré B. Peut-être que l'électeur avait réellement opté pour B ou bien qu'il a fait une erreur. Les autorités font face à un choix difficile. Annuler l'élection dès la première plainte donne un pouvoir immense à des électeurs malveillants : ils peuvent à tout moment faire annuler l'élection, en prétextant un mauvais comportement de leur ordinateur. Inversement, ignorer la plainte revient peut-être à ignorer l'une des rares occasions de détecter une attaque à grande échelle susceptible de modifier l'issue du scrutin. Cet exemple met en exergue une propriété qui manque au défi de Benaloh : *la traçabilité des responsables.* Idéalement, dès qu'un dysfonctionnement est détecté, le système doit permettre d'identifier le responsable et démontrer irréfutablement sa faute. Ici, soit l'électeur ment (ou se trompe) lorsqu'il prétend avoir choisi le candidat A, soit il peut exhiber une trace indéniable d'un comportement malveillant.

Pour conclure, le défi de Benaloh présente le gros avantage de rester dans le cadre minimal d'un électeur utilisant par exemple son ordinateur ou sa tablette pour voter et son téléphone pour auditer. Il est toutefois un pis-aller, car sa capacité à assurer la vérifiabilité de l'intention se fait au prix d'une grande complexification de la procédure pour l'électeur, tout en n'offrant qu'une efficacité incomplète du fait de l'impossibilité de tracer la responsabilité en cas d'échec de la procédure. Un certain nombre d'expériences montrent, d'ailleurs, que les électeurs rencontrent de sérieuses difficultés pour utiliser correctement le défi de Benaloh. Ce n'est donc pas encore le système parfait qu'on recherche toujours.

CHAPITRE 6

D'autres propriétés essentielles

Aux chapitres précédents, nous avons approfondi les deux notions de sécurité à première vue les plus importantes : le secret du vote et, au travers de la vérifiabilité, la garantie que le résultat est correct.

Sans être spécifiques au vote électronique, ni même faire partie des propriétés classiques de sécurité, d'autres propriétés sont également cruciales pour que le système puisse être mis en œuvre. Elles peuvent influer significativement sur certains aspects de la sécurité. Il s'agit principalement de contraintes liées à l'être humain et à la société. Le processus de vote doit rester simple ; il doit être accessible à des personnes handicapées sans (trop) dégrader la sécurité et, en cas de problème, les entités impliquées doivent pouvoir corriger les erreurs, voire répondre à toute accusation de fraude.

L'expérience utilisateur

Le terme « expérience utilisateur » est à la mode, surtout s'il est abrégé en UX d'après sa version anglaise (*user experience*). On peut également parler d'ergonomie ou encore d'utilisabilité.

Quelle que soit la terminologie, il s'agit d'un sujet extrêmement important en vote électronique. Cela n'est pas du tout la spécialité des auteurs, mais certains éléments méritent tout de même d'être abordés ici, car ils ont un impact direct ou indirect sur la sécurité.

Pour commencer, on retrouve la panoplie des bonnes pratiques qui doivent être appliquées dès qu'on conçoit une interface homme-machine. La taille des polices de caractères, le choix des couleurs, le placement des cases à cliquer ne sont que quelques exemples qui font que l'utilisateur va se sentir à l'aise. Un principe général doit s'appliquer ici : ne pas chercher à surprendre ni à être original. Contrairement à un service dont le modèle économique impliquerait d'inciter les visiteurs à revenir, dans le contexte d'un vote, l'électeur n'a pas vocation à revenir de lui-même.

Le « parcours utilisateur » du votant doit également être le plus simple possible. Cela peut influer en profondeur sur la conception du système de vote. Par exemple, il est extrêmement tentant, pour un chercheur, de proposer un système qui requiert que les électeurs participent activement lors de trois étapes : une étape d'enregistrement à effectuer avant l'ouverture du scrutin, une étape de vote proprement dite, et enfin une étape de vérification qui ne peut avoir lieu qu'après le dépouillement. Il est beaucoup plus facile d'obtenir de bonnes propriétés de sécurité si on dispose d'électeurs aussi actifs et persévérants. Malheureusement, il est assez évident qu'un tel processus va engendrer de l'abstention involontaire, car certains électeurs vont rater la phase d'enregistrement. D'autre part, les propriétés de vérifiabilité ne seront garanties qu'à hauteur du taux de vérification par les électeurs. Celui-ci sera bien faible si on demande aux électeurs une étape supplémentaire alors que les résultats sont déjà proclamés !

Il est donc usuel de demander que le matériel de vote, s'il y en a, soit envoyé sans interaction (typiquement un envoi de courrier), et que l'électeur puisse ensuite effectuer toutes les opérations qui lui sont demandées en une seule fois : il passe quelques minutes à voter et ensuite, c'est fini. Si cela inclut des vérifications importantes, celles-ci doivent être intégrées dans le parcours. Il n'est pas inutile d'encourager l'électeur à effectuer des vérifications supplémentaires, et même à effectuer des opérations d'audit à l'aide d'outils tiers, si le protocole le permet. Mais il faut partir du principe que l'immense majorité des électeurs ne reviendront pas, une fois leur vote effectué.

Durant la phase de vote, un certain nombre d'étapes sont nécessaires. Il faut cependant laisser le droit à l'erreur, et offrir la possibilité de revenir à une étape précédente. L'électeur doit avoir une vue claire de là où il en est. Selon les protocoles, et la séquentialité de l'envoi des bulletins et des vérifications associées, il n'est pas impossible que ces allers-retours introduisent des comportements non prévus initialement, et donc, potentiellement, des vulnérabilités.

Un autre exemple de comportement légitime de l'électeur, et qui pourtant sort du protocole tel que conçu « en laboratoire », est la perte ou l'oubli des identifiants ou du matériel de vote reçu. Il est impératif qu'un système de vote électronique inclue un centre d'assistance, une *hotline*. Un tel centre d'assistance doit être explicitement présent dès la conception du protocole ; s'il est greffé *a posteriori*, on risque de se retrouver avec un système présentant un formidable trou de sécurité. En effet, le centre d'assistance pourrait avoir la capacité de bourrer les urnes puisqu'il est capable de renvoyer aux électeurs tout ce qui leur est nécessaire pour voter. On voit donc que la procédure de renvoi des informations aux électeurs se doit de suivre le même type de contraintes que lors de l'envoi initial, tout en se trouvant confrontée au problème de la rapidité, puisque l'élection est potentiellement déjà ouverte.

Toujours sur le thème de l'ergonomie, on se retrouve inévitablement confronté au fait que, sauf rares exceptions, le cerveau humain a une capacité très limitée à retenir des mots de passe. Ceux-ci sont donc irrémédiablement faibles, si le système permet à un attaquant de les essayer tous. Ce problème est bien connu et n'est pas spécifique au vote électronique. Il en est de même de la capacité d'un humain à recopier dans le navigateur de son ordinateur un code reçu par SMS. Chacun a pu constater qu'au-delà de cinq ou six caractères il devient difficile de le faire d'un coup, en retenant le code à la première lecture, pour le retaper immédiatement et de tête. Un code long nécessiterait plusieurs allers-retours entre l'écran du téléphone qui affiche le SMS et le clavier de l'ordinateur, en tâchant de se rappeler le nombre de symboles déjà tapés. Maintes erreurs se produiraient certainement. Même pour des codes éphémères, si l'utilisateur n'a pas la possibilité de copier-coller, il est crucial de prévoir des codes courts.

Le dernier point qu'il nous paraît important d'évoquer est le bon réglage du niveau d'information fourni à l'électeur. À cause de la multiplication des interfaces auxquelles nous sommes confrontés, tout le monde a pris l'habitude d'aller au plus rapide, sans lire les consignes. Un message d'information dans une boîte de dialogue avec un unique bouton « Continuer » en bas sera, au mieux, lu en diagonale par les électeurs consciencieux. Il est pourtant souhaitable d'expliquer que le système fournit des propriétés de vérifiabilité, puisque l'électeur est la cible première de ces propriétés. Le bon équilibre doit être trouvé afin d'augmenter la confiance que l'électeur aura dans le système, sans pour autant le noyer sous les informations qui pourraient, au contraire, l'effrayer.

L'accessibilité

L'accessibilité aux outils numériques est un sujet général et, de nouveau, les auteurs ne prétendent pas avoir les compétences requises pour en parler de manière approfondie. De plus, ici aussi, une bonne partie des considérations à prendre en compte ne sont pas spécifiques au vote électronique.

Un des écueils majeurs est d'exclure des électeurs à cause de l'utilisation d'outils dématérialisés. Pour la jeune génération qui a grandi un téléphone mobile à la main, le risque d'exclusion est faible, mais, parmi la frange la plus âgée de la population, il va encore exister pendant longtemps une proportion qui restera moins à l'aise avec l'utilisation des outils numériques. Cet argument en défaveur du vote électronique n'est pas forcément valable dans tous les contextes. Par exemple, pour des élections professionnelles au sein d'une entreprise où les outils numériques sont utilisés quotidiennement, la situation est bien différente d'une consultation pour un conseil de quartier où la moyenne d'âge des habitants est élevée.

Ce risque d'exclusion numérique a des implications très fortes pour un système de vote électronique. Dans un certain nombre de contextes, un mode hybride devra être mis en place, avec la possibilité pour l'électeur de choisir s'il souhaite voter par voie électronique ou dans un bureau de vote (ou encore par voie postale). Se pose alors la question de gérer une liste d'émargement compatible avec les différents modes de scrutin. Il faut en particulier un mécanisme pour interdire de voter d'un côté si on a déjà voté de l'autre côté. Mais, en particulier si on parle de vote par voie postale, le délai de transport fait que la temporalité est délicate à établir. On peut être alors tenté de décréter que, dans le cas d'un vote multiple, seul le vote électronique est compté puisque dans ce cas la transmission est quasi immédiate. Il est toutefois gênant qu'une telle règle soit imposée par une contrainte technique alors qu'on souhaiterait qu'elle puisse être décidée en s'appuyant sur d'autres éléments. Rendre le vote par voie électronique moins prioritaire que le vote par d'autres voies impliquerait de pouvoir retirer (ou invalider) des bulletins. Cela doit être pris en compte lors de la définition des propriétés de vérifiabilité ; le mieux est alors que cette possibilité d'un vote hybride soit intégrée dès le début de la conception du système.

Le vote électronique offre, en revanche, des possibilités nouvelles en matière d'accessibilité, par rapport au vote dans un bureau, à commencer par une accessibilité physique simple. Le seul fait de ne pas avoir à se déplacer peut constituer un gros avantage. Pouvoir augmenter à souhait la taille des caractères pour lire sans difficulté est également une facilité offerte par les outils numériques. Pour les non-voyants, une version complètement orale est possible. Pour ceux-ci, la dématérialisation du vote permet de s'affranchir d'un tiers de confiance : dans un bureau de vote classique, les bulletins papier doivent être tous identiques, et, sauf à inclure une version braille sur tous les bulletins, l'électeur aveugle devra faire confiance à une personne qui lui indique ce qui est écrit sur les bulletins.

Pour finir, l'illettrisme est une réalité à laquelle on est confronté lors de la tenue d'élections. En France, les bulletins sont relativement simples et on peut considérer comme rare un niveau d'illettrisme tel qu'il rende difficile la reconnaissance du bon bulletin à choisir en fonction de l'intention de vote. Ce n'est pas le cas partout, soit parce que les bulletins sont plus complexes et qu'une lecture difficile peut rapidement mener à des bulletins invalides, soit parce que le niveau d'illettrisme est plus élevé qu'en France. Ainsi, il n'est pas rare, avec l'utilisation de machines de vote, d'afficher la photo du candidat à côté de son nom pour limiter les erreurs. C'est le cas au Brésil, depuis le milieu des années 1990. Cet exemple se transpose toutefois assez mal au cas du vote électronique par Internet, la maîtrise de l'écrit semblant prépondérante pour tout usage des outils numériques. Cela illustre toutefois les possibilités multiples offertes par une version numérique du vote en termes d'interface adaptée à un contexte particulier.

La redevabilité

Une dernière propriété, qui nous paraît essentielle à tout système déployé à grande échelle, est la notion appelée en anglais *accountability*, qui peut se traduire par responsabilité ou *redevabilité**. Pour mieux saisir sa signification et son importance, replaçons-la dans le contexte actuel où les réputations se font ou se défont en se fondant en partie sur des rumeurs colportées *via* des réseaux sociaux ou des médias peu scrupuleux, visant le sensationnel au détriment de la véracité des informations relatées. Puisqu'un système de vote électronique a besoin de confiance pour être adopté, il est également une cible facile pour les attaques par *fake news* (fausses nouvelles).

Les différentes notions de vérifiabilité listées au chapitre précédent vont dans le sens de plus de transparence, dont nous avons vu qu'elle doit reposer sur une surveillance mutuelle des différents acteurs du vote. Par exemple, pour la vérifiabilité individuelle, l'électeur est lui-même acteur de cette surveillance et contrôle que le serveur prend correctement en compte son bulletin. Mais que se passe-t-il lorsqu'une des nombreuses vérifications échoue ? Il faut se plaindre ! Mais ce qui se passe après une plainte est rarement traité dans la description académique d'un système de vote. Nous sommes pourtant face à un dilemme que nous avons déjà évoqué à propos du défi de Benaloh. Lorsqu'un électeur se plaint, il vient peut-être de détecter une attaque susceptible d'avoir modifié un nombre important de bulletins. Il n'y a alors plus qu'une issue possible : l'annulation du scrutin. Mais on risque alors d'offrir une arme redoutable aux électeurs. Il ne faudrait pas qu'une simple plainte d'un électeur ou d'un groupe d'électeurs malveillants puisse conduire à la remise en cause de l'élection.

Un système de vote sera considéré comme satisfaisant la propriété de redevabilité si une telle procédure de plainte est prévue au sein même du protocole. Partout où se trouvent des instructions du type « vérifier que la signature est valide » ou encore « vérifier que le bulletin est bien présent dans la liste », il est nécessaire d'avoir explicitement la mention de ce qui doit être fait si la vérification échoue. Dans certains cas, cela peut engendrer toute une phase d'analyse de la situation afin de déterminer de manière certaine s'il y a réellement un problème ou bien si la plainte a été forgée de toutes pièces en vue de nuire à la réputation d'un des acteurs.

Une bonne pratique afin d'aller vers la redevabilité est de demander à toutes les entités qui envoient des messages de les signer numériquement. Ainsi, elles ne pourront pas plus tard nier les avoir envoyés. Mais cela est rarement suffisant. Une complication purement liée au vote électronique apparaît rapidement : un électeur qui pense que le système a changé son vote pourrait avoir du mal à le prouver sans dévoiler son intention, autrement dit sans violer le secret de son vote.

On le voit, cette notion de redevabilité est une sorte de décret d'application de la notion de vérifiabilité. Sans elle, on ne sait pas comment agir en cas de problème, ni même déterminer s'il y a réellement eu un problème. En 2017, des candidates malheureuses aux élections, par voie électronique, pour désigner le bâtonnier et le vice-bâtonnier au barreau de Paris ont demandé l'annulation du scrutin pour (entre autres) violation des principes généraux du droit électoral, y compris le secret du vote et la sincérité du scrutin. Dans un arrêté du 9 novembre 2017, la cour d'appel de Paris les a déboutées de leurs demandes. On y lit : « Considérant qu'en matière de contestation d'élections ordinales il appartient aux requérantes de rapporter la preuve de l'existence d'irrégularités au regard des principes généraux du droit électoral. » Il est en effet nécessaire d'avoir des preuves de fraude pour pouvoir condamner, et celles-ci pourraient venir de diverses sources, non nécessairement techniques, comme des témoignages. Toutefois, dans le contexte du vote électronique, le secret du vote vient de nouveau entraver les analyses *post mortem*. Avoir un système vérifiable et redevable aurait probablement permis une réponse plus satisfaisante à la question des plaignantes, en prouvant la fraude ou en disculpant les organisateurs. Sur cet exemple, nul doute qu'à l'issue de l'audience les plaignantes sont restées dubitatives quant à la sincérité du scrutin, cette question n'ayant pas vraiment pu être abordée. Sans doute le prestataire a-t-il également été frustré de ne pouvoir apporter de preuve convaincante de l'absence de fraude. Cet exemple illustre bien le fait que les deux parties ont besoin de vérifiabilité et de redevabilité.

Dans le cadre académique, la notion de redevabilité en vote électronique est désormais bien identifiée, mais les définitions formelles sont récentes et demandent à être consolidées. Une des difficultés est de décider si on désigne une nouvelle entité chargée d'arbitrer les contestations, et, si c'est le cas, de nouvelles questions se posent. Est-ce qu'on fait confiance à cette entité ? Peut-elle intervenir pendant le déroulement de l'élection ou bien, comme un tribunal, n'interviendra-t-elle qu'après le feu de l'action ? Ce dernier point peut être problématique, car certains protocoles requièrent l'oubli de données, afin de préserver le secret ; les preuves peuvent avoir disparu à la fin du scrutin.

Un premier pas pour traiter un nombre important de situations consiste à se concentrer sur les plaintes des électeurs vis-à-vis du système dans son ensemble. Il s'agit d'une simplification qui peut être gênante quand on a un grand nombre d'entités impliquées dans le système en question (entre autres, la poste pour l'envoi du matériel de vote, le fournisseur d'accès du votant, le serveur de vote, les assesseurs qui possèdent les clés de déchiffrement, etc.). Mais du point de vue de l'électeur, agglomérer tous les intervenants en une seule entité appelée « le système de vote » est souvent acceptable, voire souhaitable. Dans ce contexte à deux joueurs, on identifie la notion de *contestabilité*, offrant à l'électeur une procédure de plainte qui, s'il s'est effectivement comporté suivant le protocole, lui donnera tous les arguments pour prouver qu'il y a eu un problème. La notion duale est appelée *défendabilité*

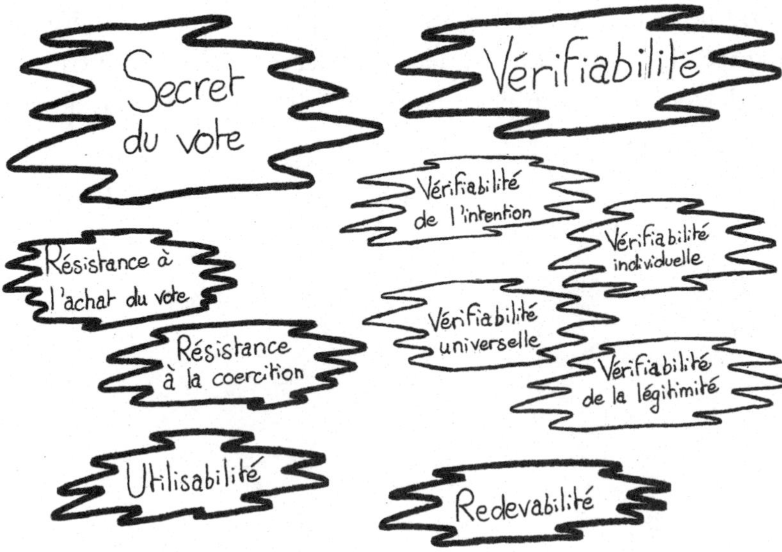

Figure 5. Récapitulatif des propriétés souhaitables pour un bon système de vote.

et signifie que si le système dans son ensemble est honnête et se comporte suivant le protocole, alors la procédure de plainte échouera.

On voit ainsi que les considérations pratiques, ergonomiques, voire juridiques, influencent de façon importante la mise au point d'un système de vote et, en retour, peuvent avoir des conséquences néfastes sur sa sécurité. En pratique, le cœur d'un protocole de vote est, en général, construit en amont, dans un contexte idéalisé où les électeurs ne se trompent pas, ne perdent pas leur matériel de vote et où toutes les vérifications nécessaires sont couronnées de succès. C'est ensuite que le protocole est petit à petit modifié, souvent par des équipes différentes, pour prendre en compte les contraintes réelles d'utilisation. Il est difficile alors de garder en tête la cohérence globale du système et de déterminer les impacts de chaque changement. Du côté recherche comme du côté terrain, chacun doit progresser. Les premiers pour prendre en compte les contraintes variées des élections. Les seconds pour garder en tête les impératifs de sécurité d'un système de vote électronique.

CHAPITRE 7

Les recommandations de la CNIL

Secret du vote, transparence du scrutin, résistance à l'achat de vote, redevabilité : les exigences en matière de vote électronique sont nombreuses. Or la sécurité a un coût, non seulement financier (pour développer les techniques nécessaires) mais surtout humain : de nombreuses personnes, souvent possédant des connaissances techniques, sont nécessaires pour surveiller l'urne ou produire et conserver des clés de déchiffrement. Des efforts importants peuvent être également demandés aux électeurs pour s'assurer de l'intégrité et de la confidentialité de leur vote. D'autre part, on ne sait toujours pas concevoir un système de vote électronique qui satisfasse toutes les propriétés souhaitées. Il faut alors se rendre à l'évidence : on doit faire des choix et établir des priorités.

Il n'y a pourtant pas de hiérarchie manifeste entre ces propriétés : préfère-t-on risquer de perdre le secret de son vote ou bien laisser passer une manipulation du résultat ? Le dilemme est cornélien. Suivant le contexte, un équilibre différent peut être préféré. Par exemple, dans une élection locale, un électeur pourrait être très gêné que son voisin, candidat à l'élection, apprenne qu'il n'a pas voté pour lui. À l'inverse, pour les élections présidentielles, c'est peut-être la sincérité du scrutin qui lui importe le plus. Même en considérant un type homogène d'élections comme celui d'élections politiques nationales à fort enjeu, la situation peut varier selon les pays. Dans les grandes démocraties, le point le plus critique est probablement la protection contre toute manipulation du résultat. Mais dans certains régimes autoritaires où le résultat est, de toute façon, connu d'avance, le point le plus préoccupant est certainement la confidentialité du vote, surtout pour les électeurs opposants au régime politique.

Il est donc important que chaque pays, chaque organisation, formule des exigences adaptées au contexte et au type d'élections envisagées. Pour la France, nous allons ici passer en revue les recommandations de la CNIL en matière de vote électronique, en commentant la dernière version disponible à l'heure de la rédaction de ce livre, qui date de 2019[1]. Elles sont complétées par une fiche pratique disponible en ligne. Les précédentes recommandations de la CNIL dataient de 2010. Bien sûr, il s'agit de notre compréhension et de notre interprétation de ces recommandations, ce qui n'engage nullement la CNIL.

Que dit la CNIL ?

Suivant qu'on considère l'élection des représentants des parents d'élèves d'une école ou bien celle du bâtonnier de

1. Délibération n° 2019-053 du 25 avril 2019 portant adoption d'une recommandation relative à la sécurité des systèmes de vote par correspondance électronique, notamment *via* Internet. *Journal officiel* n° 0142, 21 juin 2019.

Paris, qui représente les avocats du barreau de Paris, les enjeux (financiers, politiques) ne sont pas du tout les mêmes et donc les risques d'attaque et de fraude associés diffèrent. Partant de ce principe, la CNIL distingue trois niveaux de risque, numérotés de 1 à 3, suivant le nombre d'électeurs, l'enjeu du scrutin et les moyens et la motivation estimés des attaquants potentiels. Le niveau 3, le plus élevé, correspond, par exemple, à des élections de représentants du personnel au sein d'organisations importantes. La CNIL déconseille le vote électronique dans les cas où on considère que les attaquants potentiels disposent à la fois de moyens importants et d'une forte motivation. Dès son préambule, la CNIL indique que son avis est réservé quant à l'utilisation du vote électronique, notamment par Internet, pour des élections politiques.

Pour le premier niveau, celui de petites élections à faibles enjeu et niveau de risque, la CNIL requiert le secret du vote : « Le système doit assurer une étanchéité totale entre l'identité du votant et l'expression de son vote. » Cet objectif de sécurité est formulé à plusieurs reprises, en insistant sur le fait que le bulletin de vote doit être protégé dès sa formation sur l'ordinateur du votant. Il est hors de question que le serveur de vote puisse être au courant du choix effectué par l'électeur. Pour ce niveau de risque, il est également demandé d'assurer l'intégrité de l'urne, du système et de la liste d'émargement. D'autre part, le dépouillement doit pouvoir être vérifié *a posteriori*.

À partir du deuxième niveau apparaît la notion de transparence de l'urne : le système doit « assurer la transparence de l'urne pour tous les électeurs ». La signification de ce concept est précisée dans la fiche pratique de la CNIL : « Il s'agit de permettre aux électeurs de s'assurer que leur bulletin a été pris en compte dans l'urne et que les bulletins de vote sont construits de manière correcte. » Cette exigence est assez élevée puisque, en reprenant la terminologie des chapitres précédents, la CNIL demande à la fois la vérifiabilité individuelle (vérification que le bulletin est bien dans l'urne) et la vérifiabilité de l'intention (c'est bien le vote de l'électeur qui a été envoyé). D'autre part, le bureau électoral doit pouvoir contrôler l'intégrité de la plateforme de vote. Dans les documents annexes fournis par la CNIL, il est précisé qu'il peut s'agir simplement pour le bureau électoral d'avoir accès à un écran affichant les contrôles d'intégrité effectués par le prestataire de la solution de vote.

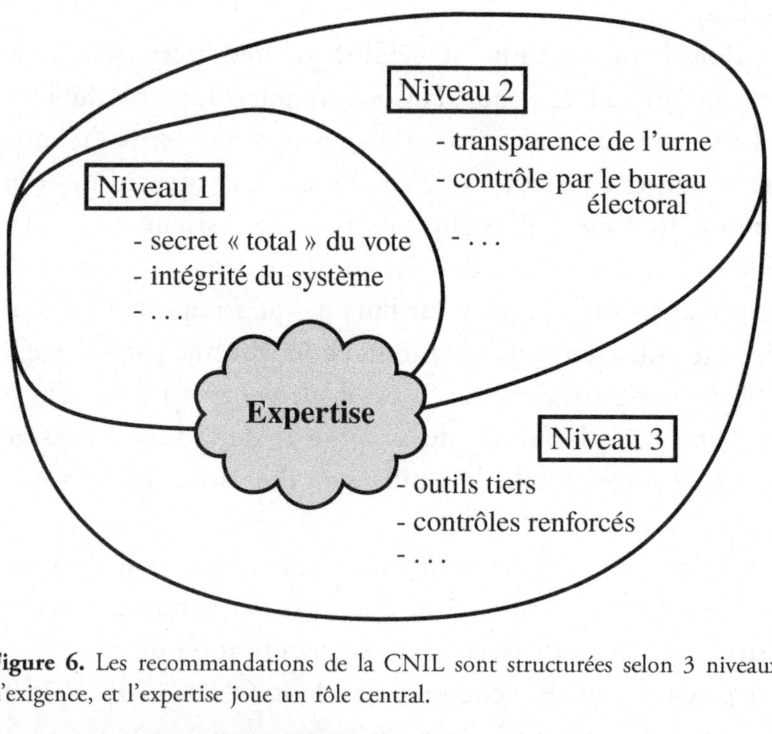

Figure 6. Les recommandations de la CNIL sont structurées selon 3 niveaux d'exigence, et l'expertise joue un rôle central.

Pour le troisième niveau de risque, le plus élevé, la CNIL introduit la notion d'outils tiers : la transparence de l'urne promise aux électeurs doit être assurée par des organismes externes. On en déduit que, pour le deuxième niveau, les outils de vérification peuvent être mis à disposition par le fournisseur de la solution de vote lui-même. Les outils tiers demandés au niveau 3 sont une avancée de plus vers la transparence puisqu'ils doivent être conçus par une entité extérieure, à partir d'une spécification précise du système.

Pour les trois niveaux, la CNIL demande que le système soit examiné par un expert indépendant, qui doit s'assurer que le système de vote garantit les objectifs de sécurité demandés et que la plateforme de vote mise en place utilise bien le système expertisé, sans modification depuis sa mise en place jusqu'à la fin du scrutin.

Ne pas attendre trop de l'expertise

Une expertise indépendante est nécessaire. Elle permet d'apporter un regard extérieur sur la solution proposée. Les questions posées par l'expert permettent de remettre en question certains choix techniques et conduisent souvent à une amélioration de la qualité de la solution. De plus, la venue d'un expert force à documenter la solution. Plus généralement, un expert peut donner un avis général sur la qualité du code et de sa mise en œuvre par le fournisseur de solution.

Mais les recommandations de la CNIL reposent de façon bien plus poussée sur l'expertise. Celle-ci doit porter sur l'intégralité de la solution, y compris le code source, le système informatique sur lequel le vote va se dérouler, les échanges réseau.

Elle doit déterminer si la solution répond aux objectifs de sécurité. Il s'agit, bien sûr, d'une expertise réalisée *avant* la mise en place de la plateforme de vote, sur la base des informations fournies par le prestataire de la solution. Comment s'assurer que c'est bien la même solution qui sera utilisée ? D'après les recommandations de la CNIL, « l'expert doit fournir un moyen technique permettant de vérifier *a posteriori* que les différents composants logiciels sur lesquels a porté l'expertise n'ont pas été modifiés sur le système utilisé durant le scrutin ». L'expert doit également, avec le bureau électoral, s'assurer que l'urne est bien vide au démarrage de l'élection. Si on résume, l'expert a donc la charge de s'assurer, d'une part, que le système satisfait à toutes les exigences de sécurité et, d'autre part, que le système utilisé est bien celui expertisé, pendant toute la durée de l'élection. Malheureusement, ces deux tâches sont impossibles à réaliser dans l'état actuel des connaissances en informatique. Considérons tour à tour chacune d'elles.

Comment s'assurer qu'un logiciel est conforme aux attentes ? Il s'agit d'une question difficile, étudiée depuis de nombreuses années. Ainsi, le logiciel de contrôle de vol de l'Airbus A380 a été partiellement analysé et formellement prouvé : il a été démontré mathématiquement que certains types de comportements indésirables ne pouvaient se produire, quelle que soit l'exécution du logiciel[1]. Il s'agit d'un travail colossal de plusieurs années, qui a été réalisé par des spécialistes du domaine, en collaboration avec Airbus et sur un logiciel écrit de façon très automatisée, avec, dès la conception, une obligation de certification du logiciel par des autorités externes. Cette réalisation

1. Voir l'exposé de Patrick Cousot présenté le 22 février 2008 au Collège de France, dans le cadre du cours de Gérard Berry.

est à comparer à la situation de l'expert chargé d'évaluer une solution de vote : il est souvent seul et ne dispose que de quelques jours pour évaluer un logiciel généralement formé d'éléments disparates, écrits à des époques différentes et dans des styles, voire des langages, différents. N'importe quel étudiant en informatique qui a déjà passé une heure à traquer l'erreur bête dans les vingt lignes de code qu'il vient d'écrire peut mesurer à quel point il est difficile de détecter des bugs dans un code de taille importante, qu'on n'a pas écrit soi-même. Avec la meilleure volonté du monde, il est impossible à un expert d'assurer qu'il n'a pas laissé passer une erreur, qui aurait, par exemple, pour conséquence que les votes émis par un certain type de navigateur seraient tous invalides.

S'assurer que le logiciel d'une solution de vote ne contient pas de comportements déviants est encore plus difficile que de détecter un bug dans un logiciel critique comme celui de l'Airbus A380. En effet, il est extrêmement ardu de repérer une faille placée *intentionnellement*. Il n'y a aucune raison qu'un constructeur comme Airbus ajoute volontairement un bug susceptible de conduire au crash d'un de ses avions. Mais est-on certain qu'un fournisseur de solution de vote ne propose pas, discrètement, à son client la possibilité de modifier le résultat du vote ? On peut penser au cas des caisses enregistreuses, dont certaines disposaient d'un logiciel permettant aux commerçants d'effacer une partie des recettes pour échapper à l'imposition correspondante. La possibilité de modifier ainsi les comptes devient un argument de vente. Bien sûr, au-delà d'éventuels risques judiciaires, la réputation du fournisseur du logiciel est en jeu. Un tel scénario est donc improbable dans le cas de scrutins à faible enjeu. Mais que dire d'élections importantes où celui qui choisit la solution de vote a un intérêt dans le résultat de l'élection ?

Supposons un instant que l'expert ait réussi à se convaincre que la solution de vote ne contient aucune faille, involontaire ou non. Un deuxième défi s'annonce alors. L'expert doit s'assurer que le code qu'il a analysé ainsi que tous les autres composants qu'il a étudiés (comme le système d'exploitation ou les communications avec l'extérieur) sont bien exactement ceux utilisés sur la plateforme de vote le jour de l'élection. Comment faire ? La solution préconisée par la CNIL est que l'expert prenne une *empreinte** cryptographique du code étudié. Un code différent aura nécessairement une empreinte différente, comme nous le verrons plus précisément au chapitre suivant. Le jour de la mise en place de la plateforme de vote, une cérémonie a lieu où l'expert est convié, ainsi que des membres du bureau électoral. Le fournisseur de la solution procède à l'installation du logiciel, en suivant une suite de commandes convenues à l'avance. Il commence en particulier par calculer l'empreinte du logiciel utilisé, et l'expert s'assure que cette empreinte correspond à celle qu'il avait relevée. Malheureusement, il s'agit ici d'un théâtre de la sécurité plutôt que d'une sécurité véritable. Pour calculer l'empreinte d'un code, il faut à nouveau faire appel à un logiciel. Rien ne dit que le logiciel calcule effectivement l'empreinte du code qui va être installé ! Et si on fait confiance au fournisseur de solution pour utiliser un logiciel qui calcule correctement l'empreinte, pourquoi alors ne pas lui faire également confiance dans le fait d'utiliser le bon logiciel de vote ? Les garanties d'une telle cérémonie sont donc très limitées. D'autre part, un système informatique est en général complexe, avec de très nombreux logiciels nécessaires au fonctionnement du système de vote : gestion d'une base de données, redondance des serveurs, protocoles pour communiquer avec l'extérieur (notamment les électeurs), etc. L'expert n'a aucun moyen de vérifier que l'ordinateur présent devant lui ne comporte pas de logiciels supplémentaires qui modifieront l'urne en temps voulu. De la même manière, comment s'assurer que l'urne est vide au départ ? Il ne s'agit pas d'un événement observable humainement mais uniquement à travers un logiciel, et à nouveau aux mains du prestataire.

Un expert ne peut pas non plus étudier les composants physiques qui constituent les ordinateurs utilisés (processeur, cartes mémoires). Ainsi, il ne peut pas garantir que l'ordinateur utilisé pour fabriquer les clés de déchiffrement n'a aucun moyen de communication avec l'extérieur : comment détecter une puce GSM, une capacité de connexion Bluetooth ou une carte Wi-Fi, à l'heure où le moindre gadget connecté offre ce type de communication ?

Cette recommandation par la CNIL d'une expertise indépendante est donc fondée, mais les électeurs et les organisateurs d'élection ne doivent pas s'y tromper. Quelle que soit sa compétence, un expert ne peut garantir qu'un logiciel enregistre absolument tous les votes et n'en ajoute aucun. Il ne peut garantir non plus la correspondance entre le logiciel étudié et celui effectivement utilisé lors de l'élection. Les rapports d'expertise comportent souvent des indications en ce sens et clarifient ce qui est réellement susceptible d'être assuré. Il serait informatif pour les électeurs d'avoir accès aux rapports complets d'expertise.

Une urne transparente

Un point important des recommandations de la CNIL est l'introduction de la transparence de l'urne à partir du niveau 2 de risque. C'est une avancée notable pour redonner du contrôle aux électeurs et leur permettre de s'assurer que leur vote est réellement compté. Cette notion n'est apparue que dans les recommandations de 2019 et il est encore difficile de savoir comment elle sera interprétée.

Un danger est de voir apparaître des « machines à dire oui ». Considérons ainsi plusieurs façons de procéder, inspirées de situations réelles. Souvent, la première étape pour proposer une urne transparente est de fournir à l'électeur un reçu de son vote, par exemple l'empreinte de son bulletin chiffré. L'électeur a la possibilité de se connecter plus tard et de fournir l'empreinte reçue. Le serveur indique à l'électeur s'il possède bien un bulletin avec une telle empreinte. Quelles sont les garanties données dans ce cas à l'électeur ? En réalité, elles sont assez minces. Au mieux, l'électeur est assuré que le serveur a bien enregistré son bulletin... mais il ne sait pas si ce bulletin sera compté ! En effet, il est tout à fait possible que le serveur garde en mémoire les bulletins qu'il a reçus pour répondre correctement aux électeurs, mais fournisse une autre liste de bulletins pour le dépouillement (par malveillance ou négligence). Personne ne peut contrôler que la liste des bulletins enregistrés et celle fournie pour le dépouillement coïncident. Seul le serveur possède cette information et seul le votant sait quel bulletin il a envoyé. La transparence de l'urne est donc illusoire puisque c'est toujours le serveur qui contrôle quels seront les bulletins dépouillés.

Une meilleure solution est de permettre aux électeurs de vérifier que leur bulletin (ou leur empreinte) fait bien partie des bulletins qui seront dépouillés. Si cette liste est publique (par exemple, depuis une page Web), c'est facile, tous les électeurs peuvent la consulter à tout moment. Mais que se passe-t-il si cette liste n'est pas largement accessible mais seulement consultable sur demande expresse, et parfois au prix d'un déplacement ? C'est le cas de la liste d'émargement dont la consultation est souvent limitée (sur rendez-vous, pendant une durée assez courte). Tout dépend alors de la publicité qui est faite sur la possibilité de vérifier la présence de son bulletin et sur la facilité de cette vérification. Si, par manque d'information ou d'accessibilité, très peu d'électeurs utilisent leur reçu pour vérifier que leur bulletin est pris en compte, la transparence de l'urne est alors très limitée. La plateforme de vote peut, en effet, effacer certains bulletins. Si seule une poignée de votants s'en aperçoit, il sera toujours possible de plaider l'erreur ou d'en rejeter la faute sur les plaignants : peut-être ont-ils mal enregistré le reçu ? En résumé, la vérifiabilité ne fonctionne que si on vérifie !

Un autre point très important visé par la CNIL est la vérifiabilité de l'intention : les électeurs doivent pouvoir vérifier que le bulletin a été formé correctement, conformément à leur intention. Il ne s'agirait pas que l'ordinateur de l'électeur chiffre le candidat A lorsque l'électeur sélectionne le candidat B. À vrai dire, cette propriété est difficile à obtenir et peu de solutions existent, même sur le papier. Dans sa fiche pratique, la CNIL suggère que les votants puissent accéder à un espace de test où il serait possible aux électeurs de générer des bulletins et de vérifier qu'ils sont correctement formés. Malheureusement, ce n'est pas simple à mettre en œuvre. Si l'ordinateur de l'électeur sait quand il est testé, il peut se comporter comme attendu lorsqu'il détecte qu'il est en mode test, et modifier le vote de l'électeur lorsque ce dernier passe à l'étape réelle de vote ; on se souvient du « Dieselgate », en 2015, où des voitures Volkswagen (entre autres) embarquaient un filtre antipollution qui pouvait détecter s'il était soumis à un test, afin de passer les normes requises. En d'autres termes, si l'espace de test est un espace dédié clairement identifiable, il est facile pour un programme malveillant de modifier le bulletin des électeurs, uniquement lorsqu'il n'est pas exécuté dans l'espace de test. Une solution pour contourner ce risque est de mettre en place le *défi de Benaloh*, présenté au chapitre sur la vérifiabilité. C'est probablement la solution envisagée par la CNIL à partir du niveau 3. Mais ce défi est très difficile à comprendre et à utiliser par les électeurs et ne donne que des assurances très limitées, comme nous l'avons analysé précédemment, l'électeur devant effectuer un nombre aléatoire de tests, sur des valeurs aléatoires de vote. Il est improbable qu'un grand nombre d'électeurs se livre à un protocole de test aussi poussé. Pire, mal compris, ce test peut mettre en danger le secret du vote de l'électeur. Il y a donc un risque que des entreprises mettent en place ce type de solutions, sans en faire aucune publicité. L'exigence du niveau 3 serait formellement satisfaite, sans embarrasser les électeurs avec un procédé inhumain. Mais alors, la vérifiabilité de l'intention ne serait plus que théorique puisque, au mieux, une poignée d'électeurs avertis vérifieront leur propre bulletin, sans aucune garantie sur la formation des bulletins de la grande majorité des électeurs.

La transparence de l'urne s'approche de la notion de vérifiabilité examinée au chapitre 5. Un lecteur attentif aura remarqué que les solutions évoquées s'attachent seulement à la vérifiabilité individuelle et à la vérifiabilité de l'intention : les électeurs cherchent à s'assurer que leur bulletin a été correctement formé et pris en compte. On ne saurait déclarer qu'une urne est transparente pour les électeurs, si ceux-ci ne peuvent aussi s'assurer que le résultat correspond bien aux bulletins déposés (vérifiabilité universelle) et que tous les bulletins proviennent d'électeurs légitimes (vérifiabilité de la légitimité), comme c'est le cas lors d'un vote à l'urne. Si on se limitait à la seule vérifiabilité individuelle, on pourrait alors déclarer que le système de vote évoqué dans *Astérix en Corse* assure la transparence de l'urne. En effet, dans ce système, on remplit les urnes puis « on les jette à la mer sans les ouvrir, et après, c'est le plus fort qui gagne. Une coutume de chez nous ». L'assurance pour un électeur que son bulletin est dans l'urne ne suffit donc pas, encore faut-il que le bulletin soit effectivement compté.

À qui faire confiance ?

Une question qui est peu abordée dans les recommandations de la CNIL est celle, expliquée au chapitre 3, qui consiste à savoir sous quelles hypothèses de confiance on veut obtenir les propriétés escomptées : secret du vote, intégrité du résultat, transparence de l'urne. Par exemple, le vote des électeurs doit être secret et les bulletins chiffrés. Serait-il acceptable que le prestataire ait accès, ne fût-ce que temporairement, à l'ensemble des clés de déchiffrement, lui offrant ainsi la capacité technique de savoir qui a voté quoi ? Il ne s'agit pas ici d'un scénario fantaisiste : dans beaucoup de cas, les clés de déchiffrement sont générées sur un ordinateur mis à disposition par le prestataire, avec du code développé par lui-même. Si on s'intéresse cette fois à l'intégrité du résultat, pour s'assurer qu'il n'est pas manipulé, vaut-il mieux faire confiance au prestataire qui a la main sur les logiciels et souvent sur les serveurs, ou bien à l'organisation de l'élection, ou bien encore aux ordinateurs des électeurs, qui pourraient modifier le vote lors de l'envoi ? Il n'y a pas de réponse universelle à cette question. Suivant le contexte, on peut craindre une attaque plutôt par corruption du prestataire ou des organisateurs, ou bien une attaque extérieure qui porte sur les postes des électeurs.

Il est donc important que les pays et les organisations se positionnent non seulement sur les objectifs de sécurité mais également sur les hypothèses de confiance. Ainsi, la Chancellerie fédérale suisse a défini de façon précise le modèle de confiance qui est jugé acceptable pour certaines élections politiques. Cette Chancellerie ne fait pas confiance à un unique serveur de vote. Pour son niveau de sécurité maximal, elle exige plusieurs serveurs indépendants qui se surveillent mutuellement. Ces serveurs doivent être administrés par des équipes différentes, utiliser des systèmes d'exploitation différents, et s'appuyer sur du matériel informatique différent. De même, elle exige que les électeurs puissent vérifier que leur intention de vote est prise en compte, y compris si leur ordinateur est compromis par un virus (vérifiabilité de l'intention). À l'inverse, l'imprimeur, chargé d'imprimer le matériel de vote, ainsi que la poste suisse, chargée de l'envoi et de la distribution du matériel de vote, sont réputés de confiance. On voit ici qu'il ne s'agit pas d'un modèle universel, applicable à tous. Mais il est important que cette réflexion soit explicite, pour ne pas être laissée à l'appréciation des fournisseurs de solution, enclins, c'est naturel, à se faire confiance. Concrètement, pour chaque propriété de la figure 5, il faut expliciter contre qui on souhaite se protéger parmi tous les attaquants possibles récapitulés à la figure 1.

À la recherche d'un niveau 4

Les recommandations de la CNIL forment ainsi un socle minimal d'exigences pour le vote électronique. C'est bien l'un des objectifs de la CNIL, qui déconseille de toute façon l'usage du vote par Internet dès que les menaces sont élevées (attaquants à la fois fortement motivés et disposant de moyens importants). Les recommandations requièrent le secret absolu du vote, même pour des petites élections, ainsi que la transparence de l'urne au sens de la vérifiabilité individuelle et de l'intention, dès que l'enjeu est un petit peu plus élevé. Si certains objectifs sont encore à clarifier, ces recommandations sont un moyen important de pousser les solutions existantes à monter en qualité.

Il reste cependant à définir les objectifs de sécurité correspondant à des élections à forts enjeux, quitte à ce que ces buts ne soient pas atteignables en l'état actuel des connaissances. Il s'agit de sélectionner les propriétés jugées fondamentales, en particulier parmi celles évoquées aux chapitres précédents, et d'identifier les hypothèses de confiance acceptables. Ainsi, dans un bureau de vote, on ne laisse jamais l'urne seule mais on juge normale la présence d'un président et de deux assesseurs, alliée au fait que tout citoyen peut, à tout moment, rester dans le bureau de vote comme observateur. On pourrait faire des choix différents comme exiger des représentants de tous les candidats à l'élection, ou encore demander la présence d'un membre d'une ONG (organisation non gouvernementale). De la même manière, dans le vote électronique, il faut déterminer s'il est acceptable de placer sa confiance dans un serveur, dans certaines autorités de déchiffrement, etc. Des choix différents peuvent être effectués suivant qu'on considère le secret du vote ou l'intégrité du résultat. En effet, on peut considérer que certaines entités seront intéressées à manipuler le résultat mais ne chercheront pas à savoir ce que chacun a voté (ou inversement). La réflexion sur ce que serait ce « niveau 4 » est à mener avec de nombreux acteurs de la vie publique : citoyens, politiques, juristes, scientifiques aussi bien en informatique qu'en sciences humaines.

CHAPITRE 8

La boîte à outils cryptographiques

Pour réussir un bon système de vote, il faut à la fois cacher le vote de l'électeur et lui permettre de vérifier que son vote est bien compté. La tâche est ardue puisque secret et transparence sont deux exigences antagonistes par construction. Cependant, de nombreuses techniques cryptographiques sont mises en œuvre pour les satisfaire au mieux.

Le chiffrement symétrique

Une première technique cryptographique bien connue est le chiffrement. À l'instar de l'insertion d'un bulletin de vote dans une enveloppe, le vote de l'électeur est chiffré avant de sortir de son ordinateur. Les techniques de chiffrement remontent à l'Antiquité : Jules César codait ses messages en remplaçant chaque lettre par la lettre trois rangs plus loin dans l'alphabet. Un tel encodage a une sécurité très faible, puisqu'il suffit de tester tous les décalages possibles. Des techniques de chiffrement plus complexes ont ensuite été inventées en remplaçant chaque lettre par une autre suivant une table, puis en utilisant des tables différentes suivant la position de la lettre dans le texte ; c'est ce qu'on appelle une substitution polyalphabétique. Il est également possible de permuter les lettres pour empêcher la recherche d'identification de mots. La machine Enigma, utilisée pendant la Seconde Guerre mondiale pour chiffrer les communications des militaires allemands, utilisait ainsi une combinaison de substitutions et permutations. La clé de chiffrement est alors la combinaison de substitutions et de permutations à effectuer et la connaissance de cette clé permet également de déchiffrer. Toutes ces techniques (ou algorithmes) de chiffrement sont regroupées sous le terme de *chiffrement symétrique*, car on chiffre et on déchiffre avec la même clé, en appliquant les transformations dans l'ordre inverse.

Lors de la Seconde Guerre mondiale, les alliés ont pu « casser » la machine Enigma, c'est-à-dire déchiffrer des informations, car ils avaient pu intercepter des messages chiffrés dont ils connaissaient le message en clair correspondant. Ils avaient souvent aussi une connaissance partielle du document à déchiffrer, grâce à la recherche de mots identifiés comme très fréquents dans les communications, comme le mot « munition », ou bien encore grâce aux en-têtes très formatés par la discipline militaire. Les standards actuels de chiffrement comme AES (acronyme de *Advanced Encryption Standard*) se doivent donc d'être résistants à ce type d'attaque. Un adversaire doit, bien sûr, être incapable de déchiffrer s'il n'a pas la clé mais il ne doit pas non plus obtenir la moindre information sur un message chiffré, ne serait-ce que l'existence ou l'absence d'une certaine lettre dans le message clair, même s'il connaît déjà une partie du texte clair et même s'il a eu accès à de nombreux textes chiffrés et aux textes clairs correspondants.

Le chiffrement asymétrique

Si on revient au cas du vote électronique, chiffrer son vote avec un chiffrement symétrique utilisant la même clé pour tous les électeurs ne serait pas satisfaisant, puisque cette clé leur permettrait non seulement de chiffrer leurs votes mais également de déchiffrer tous les messages et donc les votes des autres électeurs. Il faudrait alors distribuer de façon confidentielle à chaque électeur une clé symétrique distincte, au prix d'une complexité accrue. Comme nous l'avons déjà évoqué, on utilise en général un chiffrement *asymétrique* : le chiffrement est réalisé à l'aide d'une clé dite *publique* que tout le monde peut connaître alors que seuls les détenteurs de la *clé privée** peuvent déchiffrer. Le concept du chiffrement asymétrique est remarquable. Même si un attaquant connaît l'algorithme de chiffrement utilisé, même s'il connaît la clé qui a servi au chiffrement, il est dans l'incapacité de déduire la moindre information sur le texte clair. Cette idée a été introduite dans les années 1970, avec Whitfield Diffie et Martin Hellman, qui ont montré comment deux personnes pouvaient établir une *clé secrète**, même si toutes leurs communications étaient écoutées par un attaquant. Cet échange de clé est une brique fondamentale de la cryptographie et s'appelle, tout simplement, « échange Diffie-Hellman ». Puis, Ron Rivest, Adi Shamir et Leonard Adleman, et, un peu plus tard, Taher Elgamal, ont montré comment construire des schémas de chiffrement asymétriques, les fameux chiffrements RSA et Elgamal. Le prix Turing, le plus prestigieux en informatique, a été décerné à Ron Rivest, Adi Shamir et Leonard Adleman en 2002, ainsi qu'à Whitfield Diffie et Martin Hellman en 2015, pour cette découverte qu'on appelle désormais « cryptographie à clé publique ».

Tous les algorithmes classiques de chiffrement asymétrique comme RSA ou Elgamal reposent sur des fonctions faciles à calculer mais difficiles à inverser. Il est facile de multiplier deux nombres mais beaucoup plus cher en temps de calcul de déterminer les facteurs premiers d'un grand nombre. On règle alors la taille de la clé de chiffrement en fonction de la difficulté voulue. Plus la clé est grande, plus la quantité de calculs nécessaire à un attaquant pour trouver la clé de déchiffrement est inaccessible en pratique. Pour des systèmes de chiffrement comme RSA reposant sur la factorisation d'entiers, on estime que les clés doivent *a minima* avoir 1 024 bits, voire 2 048 bits, ce qui correspond à des nombres de respectivement 600 et 1 200 chiffres décimaux environ. Ces tailles de clé peuvent devenir problématiques lorsque la quantité d'information échangée augmente. Une alternative est d'utiliser des algorithmes de chiffrement qui ne reposent plus sur la difficulté de la factorisation d'entiers mais sur d'autres problèmes difficiles, par exemple le logarithme discret dans une courbe elliptique[1], qu'on ne décrira pas ici. On arrive alors à des tailles de clé trois à quatre fois plus petites pour un niveau de sécurité équivalent.

Bien sûr, les exigences de sécurité que nous venons d'expliquer pour le chiffrement symétrique s'appliquent au chiffrement asymétrique : même si un attaquant peut bien évidemment chiffrer lui-même tous les messages de son choix, il ne doit pas obtenir la moindre information sur tout message chiffré qu'il a intercepté. En effet, pour le vote, savoir si ce message chiffré contient la valeur 0 ou la valeur 1 revient très exactement à découvrir le choix d'un électeur ! En particulier, si on chiffre

1. L'utilisation de courbes elliptiques pour la conception de systèmes cryptographiques a été inventée en 1985, indépendamment, par Victor Miller et Neal Koblitz.

deux fois le même message, il ne faut pas que les messages chiffrés soient identiques, sinon le secret d'un vote peut être immédiatement éventé. En effet, si un attaquant observe le bulletin chiffré d'un électeur en connaissant la clé publique de l'élection, il peut de son côté chiffrer successivement le premier candidat, puis le deuxième et ainsi de suite, jusqu'à trouver le vote chiffré de l'électeur : si le bulletin chiffré de l'électeur coïncide avec le chiffré du deuxième candidat, c'est que l'électeur a voté pour lui. Pour cette raison, le chiffrement est *randomisé* : à chaque chiffrement, un nombre aléatoire (tiré au hasard) est utilisé pour chiffrer. Même si le même message est chiffré deux fois, les chiffrés obtenus sont différents et ne donnent aucune information sur l'égalité ou non des textes en clair.

Les techniques de chiffrement sont, bien sûr, utilisées en dehors du contexte du vote électronique. Il s'agit donc de méthodes longuement étudiées et robustes à toutes sortes de manipulations. Cependant, comme nous allons le voir dans la suite de ce chapitre, le vote électronique demande souvent de recourir à des techniques de chiffrement un peu enrichies, pour obtenir d'autres propriétés que le simple secret du vote.

Le chiffrement à seuil

Si l'électeur chiffre son vote avec la clé publique de l'élection, une question se pose alors : à qui confier la clé de déchiffrement ? Si on la confie au prestataire de la solution de vote, celui-ci sera en mesure de savoir qui a voté quoi puisque ses serveurs sont chargés d'authentifier les bulletins chiffrés des électeurs puis de les stocker dans l'urne électronique. On pourrait plutôt choisir de confier la clé de déchiffrement au président de la commission électorale. Mais sa responsabilité est alors immense puisque le secret du vote repose entièrement sur ses épaules. Heureusement, il est possible de répartir la clé de chiffrement en plusieurs morceaux comme pour les coffres-forts des banques qui ne s'ouvrent qu'avec au moins deux clés, voire trois, détenues par des personnes différentes. Dans le contexte du vote électronique, les clés de déchiffrement sont souvent réparties entre plusieurs membres de la commission électorale. Des clés pourraient également être confiées aux candidats ou à leurs représentants. Comme toutes les clés sont nécessaires au dépouillement, il suffit de faire confiance à au moins l'une de ces autorités pour parvenir à la protection du secret du vote.

Cependant, cette sécurité présente un inconvénient : si l'une des clés manque à l'appel, parce qu'elle a été perdue par exemple, il est impossible de procéder au dépouillement ! C'est le principe même de la sécurité du chiffrement à clés de déchiffrement multiples : elles sont toutes nécessaires. S'il en manque une, l'élection devra être annulée ou recommencée. Imaginons alors que l'un des membres de la commission électorale consulte les sondages sortis des urnes et détecte que son parti politique ne va pas en sortir gagnant. Quelques semaines de campagne électorale supplémentaires permettraient-elles de renverser la situation ? Prétextant la perte accidentelle de sa clé et au prix d'excuses répétées, il obtient alors l'annulation du scrutin en cours et son report.

Heureusement, la cryptographie permet de mettre en place un mécanisme plus subtil : le *chiffrement à seuil*[1]. Le chiffrement

1. Les nostalgiques de leurs cours de mathématiques seront ravis d'apprendre que l'interpolation de Lagrange est au cœur des mécanismes de chiffrement à seuil.

reste toujours aussi simple : on chiffre avec la clé publique de l'élection, qui reste unique. Pour déchiffrer, on construit un certain nombre *a* de clés et il suffit de la présence d'un seuil de *b* clés parmi ces *a* clés pour déchiffrer. Par exemple, on peut décider de fonder le système sur trois clés de déchiffrement, telles que n'importe quelle paire de clés convienne pour déchiffrer. Ce seuil peut être ajusté à loisir avec, par exemple, un seuil de cinq clés parmi sept, ou bien de six clés parmi dix. Plus le seuil est élevé, plus le secret du vote est protégé puisqu'il faut un nombre de clés plus élevé pour déchiffrer. À l'inverse, un moins grand nombre de pertes de clé peut être toléré.

Dans certains ranchs américains ou canadiens, on observe une réalisation physique d'un mécanisme de chiffrement avec un seuil de 1 parmi *a* clés. Il s'agit d'une situation où plusieurs propriétaires partagent une ressource telle qu'un puits ou une citerne. L'entrée est alors protégée par une chaîne de cadenas attachés les uns aux autres. Chaque propriétaire possède un cadenas et la clé qui lui est associée. Ainsi, à tout moment, un propriétaire peut accéder à la ressource en ouvrant son cadenas et la chaîne ainsi formée. Il pourra alors refermer la chaîne en replaçant son cadenas à sa place. Nous laissons le lecteur tenter d'imaginer un système physique permettant de réaliser facilement un seuil de deux puis trois clés parmi dix, puis d'autres combinaisons. La cryptographie permet non seulement la mise au point de seuils arbitraires mais également de les composer. On pourrait construire une clé publique de chiffrement telle que la clé du président du bureau de vote soit toujours nécessaire, ainsi que les clés d'au moins deux de ses trois assesseurs et d'au moins cinq candidats parmi les dix candidats possibles.

Figure 7. Exemple de chiffrement à seuil dans le monde physique : la clé d'un des cadenas suffit pour ouvrir le portail (CC-BY-SA mikecogh).

Dans la pratique, le chiffrement à seuil est fréquemment utilisé pour pallier la défaillance d'une des autorités de déchiffrement. Mais regardons de plus près comment cela est très souvent réalisé. Le prestataire construit, à l'aide d'un logiciel qu'il a conçu, une clé publique de chiffrement, ainsi que la clé de déchiffrement associée. Puis il partage cette clé en trois morceaux de manière que deux morceaux suffisent pour déchiffrer (un autre seuil peut être utilisé). Chacun des morceaux de clé est copié sur une clé USB, par exemple, une clé USB pour chaque clé de déchiffrement, et les clés USB sont remises aux autorités lors d'une cérémonie de mise en place de l'élection. Malheureusement, dans cette situation – très commune – le prestataire est en possession de tous les morceaux de la fabrication des clés ! Il a donc les moyens techniques de savoir

101 sortes de chiffrement

• Chiffrement symétrique : même clé utilisée pour chiffrer et déchiffrer. Pas adapté pour chiffrer les votes.

• Chiffrement asymétrique :
– une clé de chiffrement publique ;
– des clés de déchiffrement secrètes ;
– une nécessaire randomisation du chiffrement.

Un vote chiffré peut se représenter par l'image 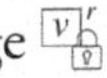 dans laquelle *r* désigne l'aléa utilisé.

• Chiffrement à seuil : la clé de déchiffrement est répartie entre plusieurs autorités dont un quorum est nécessaire pour déchiffrer (par exemple, trois parmi cinq).

• Chiffrement homomorphe : le produit de deux chiffrés est le chiffré de la somme (voir chapitre 9). 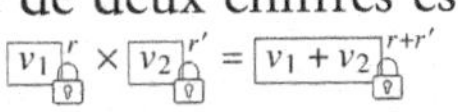

• Chiffrement rerandomisable : sans connaître la clé de déchiffrement, on peut modifier le chiffré sans changer le clair (voir chapitre 9). 

qui a voté quoi, même s'il lui est demandé d'effacer les clés dès qu'il les a transmises aux autorités. La même situation se produit lors du dépouillement. Les autorités de déchiffrement doivent chacune apporter leur clé USB et toutes les clés sont branchées sur un même ordinateur. Le prestataire a alors de nouveau les moyens techniques de connaître la clé complète de déchiffrement.

Pourtant, les outils cryptographiques permettent de faire beaucoup mieux. Plutôt que de confier à un prestataire la mise en place des clés de déchiffrement, chaque autorité peut générer elle-même, depuis son propre ordinateur, sa clé personnelle de déchiffrement. Après quelques échanges de messages, la clé publique est créée de façon collaborative entre les autorités chargées du déchiffrement et sans que le prestataire ait accès à aucune donnée privée. D'autre part, les clés personnelles de déchiffrement restent sur l'ordinateur de leur propriétaire et ne sont jamais réunies sur un seul support, y compris au moment du déchiffrement. En effet, les autorités peuvent encore contribuer de façon collaborative au déchiffrement, sans donner leur clé personnelle ni apprendre celles des autres. Il devient alors beaucoup plus difficile pour un attaquant éventuel de voler suffisamment de clés pour ouvrir les bulletins chiffrés.

Signature électronique

La signature électronique est très utilisée en dehors du vote électronique. Il a été possible pendant quelques années de signer électroniquement sa déclaration de revenus. Le concept est similaire au chiffrement à clé publique : le détenteur de la clé de signature est le seul à pouvoir signer un message mais chacun peut vérifier que la signature est valide à l'aide de la *clé publique* du signataire. Il est, bien sûr, impossible de modifier le message sans rendre la signature invalide. Une difficulté, comme dans la vie courante, est de reconnaître une signature. Ainsi, lorsqu'un internaute se connecte à Amazon pour effectuer un achat, il doit être sûr de se connecter à Amazon et non à un site pirate. Les messages échangés sont donc signés par Amazon, du moins lors de l'établissement d'un canal de communication authentifié entre Amazon et son client. Mais comment un utilisateur peut-il savoir que la signature d'Amazon est bien celle d'Amazon ? En termes plus techniques, comment l'utilisateur peut-il savoir que la clé publique d'Amazon est bien celle d'Amazon ? Cette clé publique est elle-même signée par une autorité de certification, dont la clé publique peut être également signée par une autre autorité de certification, et ainsi de suite, jusqu'à remonter à une des clés « de confiance » enregistrées dans le navigateur. On entrevoit ici que la gestion et la certification des clés publiques utilisées pour la signature sont loin d'être simples.

L'empreinte de messages

Une autre technique cryptographique très utilisée en vote électronique est le *hachage de messages*, une adaptation directe du mot anglais *hash* dont une traduction respectant mieux le caractère imagé de l'anglais serait plutôt le « hachis ». Étant donné un message, même très long, il est possible d'en calculer une empreinte, une sorte de hachis condensé, telle que deux messages différents ont toujours deux empreintes différentes. Cette propriété doit être vraie, même si une personne pleine d'astuce cherche à provoquer l'égalité des empreintes. On parle alors de *résistance aux collisions* : il n'est pas possible de fabriquer deux messages qui ont la même empreinte[1]. D'autre part, le hachage d'un message doit être à « sens unique » : de la même manière qu'il n'est plus possible de reconstituer une pièce montée après l'avoir passée au mixeur, il doit être impossible de retrouver un message à partir de son empreinte. Bien sûr, il est toujours possible théoriquement d'énumérer tous les messages possibles mais cela serait trop coûteux, même pour

1. Il s'agit ici d'une impossibilité pratique. En théorie, des collisions existent, mais elles ne peuvent pas être obtenues par des calculs, même à l'aide d'un ordinateur.

la puissance de tous les ordinateurs réunis, tout comme, en chiffrement, il est beaucoup trop coûteux de tenter d'énumérer toutes les clés de déchiffrement possibles. De nombreuses fonctions de hachage cryptographiques peuvent être utilisées pour calculer des empreintes. Les plus répandues, SHA-256 et le récent standard SHA-3, sont excellentes aussi bien en termes de sécurité qu'en termes de faible temps de calcul.

Une première utilisation en vote électronique est de permettre à un électeur de retrouver son bulletin chiffré dans une urne, par exemple sur une page Web. Un bulletin chiffré est en réalité une donnée structurée et longue. Il est impossible de demander à un électeur de vérifier qu'il apparaît très exactement sur cette page Web. En fait, il suffit que l'électeur connaisse l'empreinte de son bulletin et vérifie sa présence dans une urne. Cela lui garantit la présence de son bulletin, car il est impossible de fabriquer un autre bulletin qui aurait la même empreinte. Cette technique d'empreinte est utilisée pour toutes les données publiques que les différents acteurs doivent connaître et partager : il suffit qu'ils se mettent d'accord sur l'empreinte des données à partager.

Le couteau suisse zero-knowledge

Le principe des preuves *zero-knowledge* a déjà été abordé dans le chapitre 5 sur la vérifiabilité. Il s'agit d'un outil crucial pour *prouver* que le travail a été effectué comme attendu, par exemple que le déchiffrement produit correspond bien au message chiffré. Nous allons ici donner quelques informations supplémentaires sur les possibilités offertes par le *zero-knowledge*.

Mais commençons d'abord par un conte, (très) librement adapté du célèbre article de Jean-Jacques Quisquater et Louis Guillou : « How to explain zero-knowledge protocols to your children ». L'histoire se passe en Bourgogne, à Beaune, la ville aux toitures polychromes et aux riches familles de négociants en vin. Arthur, le petit dernier de l'une d'entre elles, devra reprendre l'affaire de ses parents dans une vingtaine d'années. Malheureusement, il est un cancre à l'école. Il ne pense qu'à s'amuser dans le labyrinthe de galeries souterraines reliant les caves des vieilles bâtisses de son quartier du centre-ville historique. Sa grand-mère veut tenter de le motiver.

« Si tu nous rapportes un bon bulletin de notes à la fin du trimestre, je te dis un secret sur notre cave. »

Arthur est sceptique :

« Je suis sûr que je connais déjà tout ce que tu sais sur cette cave. Pourquoi irais-je me fatiguer à l'école ?

– Mais si je te dis le secret, tu ne vas plus vouloir travailler.

– Prouve-moi que tu connais ce secret sans me le révéler ! »

Arthur est très fier de sa dernière tirade : ce qu'il demande à sa grand-mère est impossible. Il peut donc tranquillement retourner dormir au fond de la classe, et attendre la sortie pour aller jouer dans la cave. Mais la grand-mère est astucieuse et têtue. À force d'y réfléchir, elle finit par trouver une solution.

Le lendemain, elle accompagne Arthur à la cave, et, au milieu des grands crus qui vieillissent, imperturbables, depuis des années, elle lui explique :

« Tu sais que de cette salle où nous sommes partent deux couloirs qui rejoignent deux réseaux de caves distincts.

– Oui, bien sûr ! Ça correspond en gros aux deux côtés de la rue.

– Et tu sais que, à moins de ressortir à l'air libre, cette cave est le seul point de jonction entre ces deux réseaux.

– Oui, j'ai bien cherché. Je connais les couloirs comme ma poche. Pas moyen de contourner cette salle.

– Eh bien, moi, je connais un moyen, et si tu travailles à l'école, je te le dirai.

– Je ne te crois pas !

– Je vais te le prouver. Voici ce qu'on va faire : je vais rentrer dans un des deux couloirs. Tu me laisseras un peu d'avance, car je ne veux pas que tu me suives et voies mon secret. Trente secondes plus tard, tu me crieras : “Reviens par le couloir de droite !” ou bien : “Reviens par le couloir de gauche !” Et tu verras : j'arriverai par le bon côté.

– D'accord ! Je remonte en haut des escaliers, je compte jusqu'à 30, et ensuite je te dirai par où tu dois sortir. »

En redescendant les escaliers, Arthur s'interroge s'il va demander le côté gauche ou le côté droit. Il sait que sa grand-mère est redoutablement futée. Il a parfois l'impression qu'elle lit dans ses pensées, tellement elle anticipe certaines de ses réactions. Il craint qu'elle ne devine son choix. De dépit, il lance une pièce de monnaie. Pile à droite, face à gauche. Au moins, comme ça, sa grand-mère ne pourra pas le manipuler.

« Reviens par le couloir de gauche !

– Coucou, me voilà !

– … Mais, attends ! Tu avais une chance sur deux ! Ça ne prouve rien. Si ça se trouve, tu avais deviné ce que j'allais demander, et tu as pris le bon couloir au départ !

– On recommence, si tu veux. »

Figure 8. Illustration du conte expliquant la notion de preuve du *zero-knowledge*.

Et pendant une bonne demi-heure, cet étrange jeu de pile ou face continue. Chaque fois, la grand-mère choisit un couloir au hasard, chaque fois Arthur tire à pile ou face et crie le côté correspondant. Chaque fois la grand-mère sort par le couloir indiqué. Arthur est perplexe :

« Comment fais-tu pour deviner à l'avance le côté que je vais te demander ?

– Je ne devine rien ! Je te l'ai dit, je connais un passage secret. Et je te le révélerai si tu travailles bien à l'école.

– Ou alors, c'est que tu as eu de la chance ?

– Écoute, gagner une fois, c'est une chance sur 2. Gagner 2 fois de suite, c'est une chance sur 4. Trois fois de suite, c'est une chance sur 8. On a joué au moins 20 fois ! Ça fait une chance sur…

– Stop ! Je ne veux pas un cours de maths. OK, ça ne peut pas être juste de la chance. Tu connais forcément un passage secret. Ou alors, tu as une sœur jumelle ? Bon, bon, d'accord, je te crois. »

Grâce à cette stratégie, Arthur fut donc convaincu. Il travailla dur à l'école et obtint un très bon bulletin de notes. Sa grand-mère le récompensa en lui montrant le passage secret, et Arthur reprit immédiatement son statut de cancre. Les preuves *zero-knowledge* peuvent faire beaucoup de choses, mais pas résoudre tous les problèmes.

Le petit protocole qu'on vient de raconter représente assez fidèlement la structure des preuves cryptographiques *zero-knowledge*. Pour fixer les idées, appelons « prouveur » l'entité qui souhaite effectuer la preuve de la véracité d'un fait (la grand-mère, dans le conte), et « vérifieur » le sceptique qui demande à être convaincu par autre chose que la supposée bonne foi du prouveur (Arthur). Presque systématiquement, le prouveur possède une donnée secrète, et l'assertion en jeu est de la forme : « Il existe une donnée x vérifiant une propriété $P(x)$. » La donnée x est précisément le secret possédé par le prouveur (le passage secret) ; s'il la révélait au vérifieur, celui-ci pourrait aisément s'assurer que la propriété $P(x)$ (ce passage qui permet de sortir au choix à droite ou à gauche) est bien vraie pour cette valeur de x. Mais, bien sûr, le prouveur doit convaincre le vérifieur, *sans rien dévoiler de son secret* x. Le processus s'effectue en trois phases de communication :

- *Mise en gage.* Le prouveur envoie des données qui contiennent de l'aléa. (Dans l'histoire, c'est la phase où la grand-mère se rend dans un des deux couloirs, au choix.)
- *Défi.* Le vérifieur envoie au prouveur une donnée constituée d'aléa pur. (Arthur lance sa pièce et annonce le côté correspondant.)

• *Réponse.* Le prouveur répond par un calcul qui dépend de sa mise en gage, du défi et de sa donnée secrète. (La grand-mère répond au défi en sortant par le côté demandé ; si ça n'est pas le côté par où elle est entrée, elle utilise le passage secret.)

Le vérifieur va valider la preuve *zero-knowledge* en effectuant lui-même un calcul à partir de la réponse du prouveur. Si le calcul est correct, il peut alors être convaincu de la véracité de l'assertion : le prouveur connaît une donnée x telle que $P(x)$ est vraie. En général, on s'arrange pour qu'en une seule passe on arrive directement à une probabilité très faible que le prouveur ait simplement eu de la chance. Cela évite d'avoir à répéter de nombreuses fois le jeu, comme dans l'histoire des caves bourguignonnes. Typiquement, le défi sera un très grand nombre, et pour tricher le prouveur devrait deviner exactement tous les chiffres du défi, la moindre erreur aboutissant à un échec du protocole.

Dans la description qu'on vient de faire, tout comme dans le conte, la temporalité joue un rôle crucial. Si la grand-mère sait à l'avance qu'Arthur va crier « À gauche ! », elle peut, dès le début, choisir de s'introduire dans le couloir de gauche et n'aura pas besoin du passage secret. Traduit en langage abstrait, si le prouveur sait à l'avance le défi qui va lui être lancé, il peut choisir sa mise en gage de manière à pouvoir répondre au défi sans connaître le secret. Le processus est donc interactif, ce qui n'est pas du tout adapté au contexte du vote électronique, puisque le vérifieur n'est pas une personne unique. Tout le monde doit pouvoir vérifier que, par exemple, l'électeur n'a pas glissé un 2 dans son bulletin qui n'est censé accueillir qu'un 0 ou un 1.

Heureusement, il est possible de transformer le schéma générique en trois passes en une preuve *zero-knowledge non interactive*. On utilise pour cela une fonction de hachage cryptographique *H*, typiquement de la même famille que celle qui permet de calculer des empreintes de messages. Le prouveur choisit une mise en gage, comme dans le protocole interactif, mais, au lieu de recevoir un défi de la part du vérifieur, il calcule lui-même le défi comme l'image de sa mise en gage par *H*. Il calcule ensuite la réponse correspondante. L'ensemble de ces données constitue alors la preuve *zero-knowledge*. Le prouveur peut rendre celle-ci publique. Tout le monde a la possibilité de vérifier que la réponse est bien valide, et donc que l'assertion est correcte. En effet, si le prouveur voulait tricher, il devrait être capable de choisir la mise en gage *après* avoir eu connaissance du défi, ce qui revient à savoir inverser la fonction de hachage. Ainsi, la temporalité peut être simulée grâce à la propriété « sens unique » d'une fonction de hachage cryptographique.

Discutons pour finir de la nature des propriétés *P(x)* qu'on peut inclure dans l'assertion d'une preuve *zero-knowledge*. D'un point de vue théorique, il n'y a pas vraiment de limite sur ce qu'on peut prouver : si on peut exprimer une propriété par un programme exécutable par un ordinateur, alors on peut utiliser cette propriété dans une preuve *zero-knowledge* (la bonne notion est plutôt celle de circuit booléen, une formalisation classique de ce qu'est un programme). Plus concrètement, on retrouve ici des usages typiques en vote électronique, dont certains ont déjà été mentionnés. L'électeur peut prouver que son bulletin chiffré correspond bien à un vote valide, c'est-à-dire que son vote est l'une des valeurs fixées à l'avance. Les autorités de déchiffrement sont capables de prouver que le résultat obtenu est le clair correspondant à la valeur chiffrée publique. Dans ce dernier cas, la donnée secrète impliquée est la clé (partielle) de déchiffrement. Imaginons maintenant le cas d'un scrutin complexe où on peut soit voter blanc, soit choisir entre deux et cinq candidats parmi une liste de dix propositions. L'électeur pourra, sans problème, prouver une telle propriété sur le clair correspondant à son bulletin chiffré. Dans le même esprit, si le scrutin est un vote de liste avec possibilité de rayer des noms, on va avoir une preuve *zero-knowledge* que tous les candidats sélectionnés appartiennent à la même liste. Là encore, la preuve est calculable en un temps très raisonnable, même avec la puissance potentiellement limitée de l'appareil utilisé par l'électeur.

Pour conclure ce chapitre, chacune des techniques présentées permet de réaliser une étape importante du vote électronique : le chiffrement à clé publique permet à l'électeur de cacher son vote, les preuves *zero-knowledge* sont un élément clé de la vérifiabilité, les signatures permettent d'authentifier les autorités chargées de l'organisation de l'élection ou encore de contrôler la provenance des bulletins des électeurs.

CHAPITRE 9

La cryptographie du dépouillement

Une étape particulièrement délicate du vote électronique est le dépouillement : il faut ouvrir les bulletins chiffrés pour prendre connaissance des votes sans pour autant dévoiler le vote de chaque électeur. Dans presque tous les systèmes de vote par Internet, le vote de l'électeur est d'abord chiffré avant d'être envoyé au serveur qui centralise l'élection. Comme nous l'avons expliqué au chapitre précédent, personne ne détient la clé de déchiffrement mais plusieurs autorités de confiance possèdent chacune un morceau de cette clé et toutes (ou au moins un nombre choisi à l'avance) devront contribuer pour procéder au déchiffrement.

Un problème majeur se pose alors. Il est nécessaire de déchiffrer les bulletins pour connaître le résultat de l'élection mais, si on déchiffre les bulletins individuellement, on saura comment chaque électeur a voté. Dans le vote à l'urne physique, c'est le mélange de l'urne qui résout ce problème. Comme les enveloppes sont toutes visuellement identiques, une fois qu'elles sont mélangées, on ne peut plus les relier à l'électeur correspondant. Il est alors possible d'ouvrir les bulletins un à un sans risquer de compromettre le secret du vote. Malheureusement, les bulletins chiffrés cryptographiquement sont des suites de nombres bien distinctes. Supposons ainsi qu'on ait identifié dans l'urne que le bulletin d'Alice est STD42 (en pratique, un bulletin chiffré est une séquence bien plus longue). Ce bulletin est chiffré et ne permet pas de connaître le vote d'Alice. Si, pour dépouiller l'urne, on mélange les bulletins sans aucune autre modification puis qu'on les déchiffre un à un, il est facile de reconnaître le bulletin d'Alice et d'apprendre le vote correspondant, comme illustré à la figure 9. Il faut donc trouver une technique pour obtenir le résultat de l'élection, sans pour autant révéler le vote des électeurs.

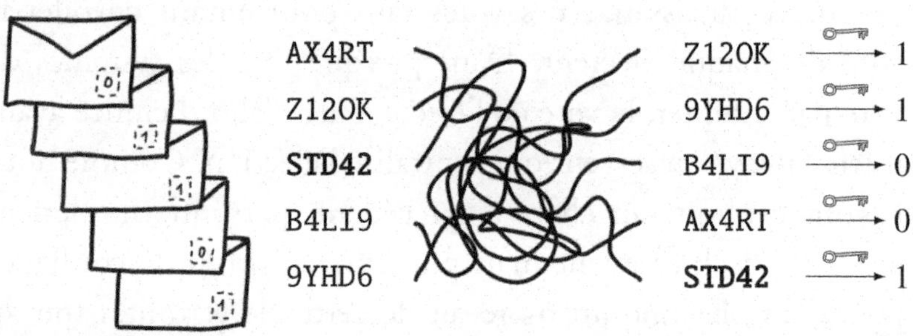

Figure 9. Si on sait que le bulletin (chiffré) d'Alice est STD42, après mélange des bulletins puis déchiffrement on découvre immédiatement qu'Alice a voté pour 1.

La politique de l'autruche

La première solution, très utilisée en pratique, consiste à faire l'autruche. Plus précisément, on suppose que le lien entre bulletin et électeur est « oublié ». Lorsque le serveur de l'élection reçoit un bulletin, il doit d'abord authentifier l'électeur pour s'assurer que celui-ci a le droit de voter et qu'il ne l'a pas déjà fait. Une fois ces vérifications effectuées, la liste d'émargement est mise à jour et le bulletin est ajouté dans l'urne. Le serveur peut donc parfaitement faire le lien entre l'identité d'un électeur et son bulletin. On va cependant lui demander de l'oublier, c'est-à-dire de ne pas mémoriser cette association. Une fois effacé le lien entre bulletin et électeur, les bulletins peuvent être déchiffrés un à un, en prenant simplement garde à ne pas annoncer les votes dans l'ordre où ils ont été soumis. Ce cas est similaire pour le vote par correspondance : l'électeur insère son vote dans une première enveloppe, qu'il glisse dans une deuxième enveloppe, elle-même marquée d'un signe authentifiant l'électeur, par exemple sa signature. Il faut alors faire confiance au personnel en charge du dépouillement pour que les bulletins ne soient pas discrètement ouverts au moment où l'enveloppe principale est retirée. Le problème est le même avec le vote électronique : le prestataire en charge de l'élection et les administrateurs du serveur ont tous les moyens techniques pour associer les bulletins aux électeurs. Si les bulletins sont déchiffrés un à un, le prestataire peut connaître les votes de chacun.

Un deuxième problème, spécifique au vote électronique, est que faire l'autruche est plus difficile qu'on peut le penser. Même si le prestataire met tout en œuvre pour ne garder aucun lien entre bulletin chiffré et électeur, il est difficile de ne pas avoir de lien supplémentaire caché. En effet, la liste d'émargement étant horodatée, il est facile de savoir dans quel ordre les électeurs ont déposé leur bulletin, et à quelle heure. Si les bulletins sont eux aussi datés, alors l'association entre bulletin et électeur est évidente. C'est pour cela que la CNIL exclut l'horodatage du bulletin. Malheureusement, les différents systèmes de communication réseau et d'écriture dans des bases de données ont leurs propres mécanismes qui permettent, en général, de retrouver la date d'un bulletin, par exemple en examinant les journaux de transaction (les fichiers de *logs*), c'est-à-dire les traces produites dans le système. D'autre part, pour pouvoir redémarrer les ordinateurs à tout moment en cas de panne et ainsi assurer une disponibilité vingt-quatre heures sur vingt-quatre, sept jours sur sept, les données sont répliquées très régulièrement, sur des serveurs de sauvegarde. Il est alors souvent possible de reconstituer la chronologie des votes (quel bulletin a été ajouté après quel autre), la corréler à l'heure des émargements et déduire à qui appartient un bulletin.

Un autre inconvénient majeur de cette approche est que, non seulement les électeurs n'ont pas la garantie du secret de leur vote, mais ils n'ont aucune assurance que les bulletins déchiffrés sont bien ceux émis par les électeurs légitimes. Tout comme dans le cas du vote par correspondance, il est possible de modifier les bulletins si l'urne n'est pas constamment surveillée par des personnes indépendantes. Exclure à tout prix un lien entre bulletins chiffrés et électeurs empêche la mise en œuvre de la grande majorité des solutions issues de la recherche ces dernières années, comme nous le verrons dans la suite de ce livre. On se prive alors de la plupart des solutions qui permettent une meilleure transparence du scrutin grâce à la vérifiabilité de bout en bout. Mieux vaut donc acter qu'on ne peut pas totalement garantir que le lien entre bulletin et électeur est rompu, et donc concevoir des solutions qui respectent le secret du vote malgré tout.

Les mélangeurs vérifiables

Pour dépouiller les bulletins sans risque de dévoiler les votes des électeurs, un simple mélange ne suffit pas, il faut modifier les bulletins de manière à ne pas pouvoir relier les nouveaux bulletins avec les anciens. C'est possible grâce à une technique appelée *rerandomisation*. Pour mieux la comprendre, nous représentons le chiffrement d'un vote *v* par une clé publique de la façon suivante : . À l'intérieur de la boîte, on a le vote *v* qu'il faut cacher. À l'extérieur de la boîte, nous avons la clé publique, qui protège le vote tel un cadenas. Le tout forme le chiffrement, en réalité une suite de chiffres. Chaque bulletin chiffré est construit avec un nombre aléatoire, c'est-à-dire un nombre tiré au hasard. Cela assure que deux personnes ayant toutes les deux voté 1 n'auront tout de même pas le même bulletin chiffré. Nous allons donc décorer notre boîte qui représente le chiffrement avec l'aléa utilisé. On note  le chiffrement utilisant le nombre aléatoire *r* pour chiffrer le vote *v* avec la clé publique, représentée par un cadenas. Pour certains algorithmes de chiffrement, il est possible de modifier l'aléa des bulletins chiffrés, en changeant le nombre *r* en un autre nombre aléatoire *a*. Il est ainsi possible de transformer le chiffré  en le chiffré , sans ouvrir la boîte (le chiffré) et, bien sûr, sans pouvoir modifier le contenu du chiffré (ici, le vote *v*).

Prenons l'exemple d'une élection avec dix électeurs. Le premier votant va émettre un certain vote v_1, le deuxième v_2 et ainsi de suite jusque v_{10}. L'urne initiale contient les votes chiffrés correspondants. Avec notre notation imagée, ce sont donc $\boxed{v1}^{r_1}, \ldots, \boxed{v10}^{r_{10}}$. Il est possible, non seulement de mélanger les bulletins mais également de modifier l'aléa de chacun des bulletins.

$$\boxed{v1}^{r_1}, \boxed{v2}^{r_2}, \ldots, \boxed{v10}^{r_{10}} \rightsquigarrow \boxed{v3}^{a_3}, \boxed{v10}^{a_{10}}, \ldots, \boxed{v5}^{a_5}$$

Les bulletins ne sont alors plus reconnaissables.

Un nouveau problème apparaît alors : comment puis-je savoir que mon bulletin (du moins mon vote) a bien été conservé ? Et si le mélangeur en avait profité pour enlever certains bulletins et en mettre d'autres à la place ? On va utiliser ici de nouveau les preuves *zero-knowledge* du chapitre précédent. Ainsi, le mélangeur *prouve* que la liste de bulletins qu'il produit correspond très exactement à une permutation de la liste initiale des bulletins, la preuve ne donnant aucune information sur la position de chaque bulletin dans la liste initiale. On a simplement l'assurance que les votes sont les mêmes au départ et à l'arrivée. On parle alors de *mélangeur vérifiable*. Notons que la preuve *zero-knowledge* à effectuer concerne l'intégralité des bulletins dans l'urne initiale ainsi que ceux de l'urne mélangée. On comprend donc que le coût calculatoire pour produire la preuve *zero-knowledge* va être d'autant plus élevé que l'urne est volumineuse. Toutefois le coût reste proportionnel à la taille de l'urne : le mélange d'une grosse urne va nécessiter une preuve *zero-knowledge* (seulement) deux fois plus coûteuse que le mélange d'une urne qui serait deux fois moins grosse.

Le mélangeur n'a pas à connaître la clé de déchiffrement pour effectuer son opération, ni pour faire la preuve *zero-knowledge* associée. Mais, bien sûr, le mélangeur sait très bien comment il a permuté ses bulletins ; il sait donc encore quel est le bulletin d'Alice. La parade est de faire appel à plusieurs mélangeurs (vérifiables), qui vont, chacun à leur tour, mélanger la liste des bulletins chiffrés, comme représenté à la figure 10. Du moment qu'au moins l'un d'entre eux est honnête, il est impossible de faire le rapprochement entre les bulletins produits et les votants qui leur correspondent. On peut adapter le nombre de mélangeurs au risque estimé de l'élection : plus il y en a, moins il y a de chance qu'ils soient tous corrompus.

Un avantage de cette approche est qu'elle permet d'utiliser toutes les techniques classiques de décompte manuel des voix à partir de bulletins papier. Après application des mélangeurs et du déchiffrement, on obtient l'ensemble des bulletins des électeurs tels qu'ils ont été émis. Il est alors possible de calculer le nombre de voix reçues pour chaque candidat mais également de procéder à des décomptes plus délicats, par exemple si les électeurs ont ordonné les candidats par ordre

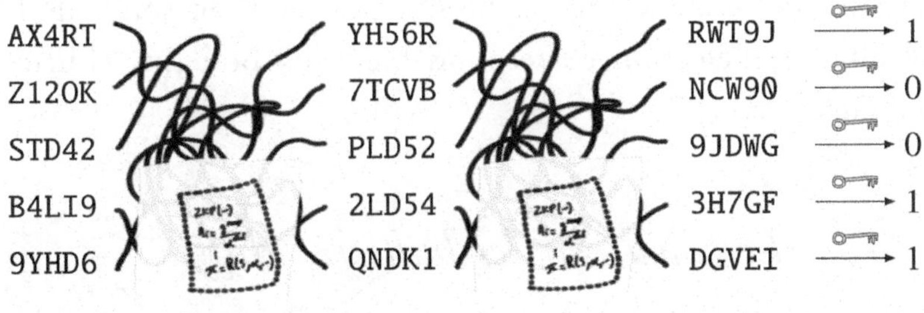

Figure 10. Les bulletins chiffrés sont mélangés et transformés (rerandomisés) successivement, de façon vérifiable : chaque mélangeur produit une preuve mathématique que, après mélange et transformation, les bulletins contiennent les mêmes votes qu'auparavant. À la fin des mélanges, les bulletins sont déchiffrés un à un. Ils correspondent aux votes de départ, sans qu'on puisse remonter aux bulletins originaux.

de préférence. En revanche, la mise en œuvre de chaînes de mélangeurs vérifiables peut être coûteuse et complexe, car il est important de faire appel à plusieurs mélangeurs indépendants pour préserver le secret du vote. Si c'est le prestataire qui fait tous les mélanges, il a, à nouveau, les moyens techniques de savoir qui a voté quoi. Si c'est le prestataire qui fournit le code pour mélanger les bulletins et que les mélangeurs n'ont pas les moyens techniques d'auditer le code, alors le prestataire a encore et toujours les moyens techniques de savoir qui a voté quoi. Il est aussi nécessaire de mélanger un grand nombre de bulletins (par paquets de 1 000 minimum) pour perdre le lien entre électeurs et bulletins. Un mélange par petits paquets (voire juste des paquets de deux) apporte une sécurité bien plus limitée. Il s'agit donc d'une technique passe-partout mais qui ne peut être mise en œuvre que dans le contexte d'élections à enjeux importants, qui justifient le déploiement de mélangeurs indépendants. Il y a tout de même une nouvelle rassurante : même si l'indépendance et l'honnêteté des mélangeurs ne peuvent pas être garanties, les preuves de bon mélange assurent, quoi qu'il en soit, que le résultat de l'élection correspond bien aux bulletins chiffrés initiaux.

Le calcul sur les bulletins chiffrés

Pour éviter de recourir à des mélangeurs vérifiables, une autre approche consiste à calculer le résultat en manipulant directement les bulletins chiffrés, sans les déchiffrer. Cela est possible grâce au chiffrement dit *homomorphe*.

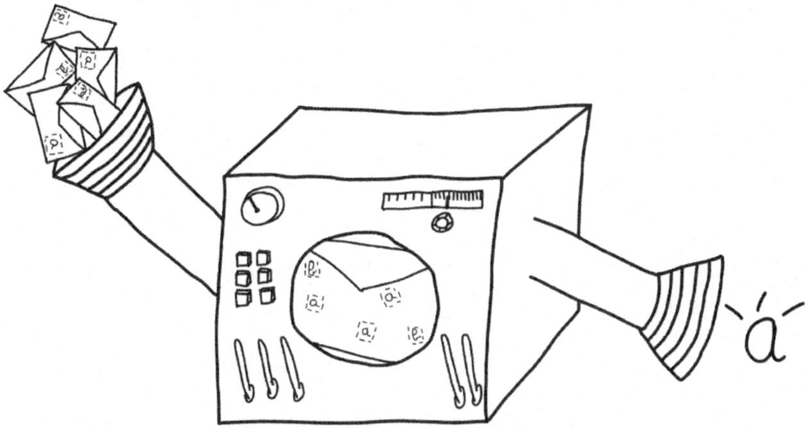

Figure 11. Robot homomorphe.

Supposons, pour simplifier, que l'élection soit un référendum : on vote 0 pour dire non, et 1 pour dire oui. Le résultat du vote est donc le nombre de « oui » et on obtient le nombre de « non » par soustraction avec le total du nombre des votes. Grâce au chiffrement homomorphe, il suffit de multiplier tous les bulletins chiffrés entre eux pour obtenir le chiffré de la somme des votes. Cela repose sur une propriété mathématique de l'exponentielle, abordée en lycée : multiplier deux exponentielles revient à faire la somme des exposants ($\exp(a) \times \exp(b) = \exp(a + b)$). Cela fonctionne comme les puissances de dix : $10^a \times 10^b = 10^{a+b}$. Le lecteur averti pourra faire le lien avec le fait que la sécurité du chiffrement repose sur la difficulté de calculer le logarithme discret, à savoir l'inverse de la fonction exponentielle dans les entiers (ou plutôt les entiers modulo). Pour mieux comprendre comment ces propriétés mathématiques peuvent nous aider dans le cadre du vote, prenons l'exemple d'une élection avec cinq électeurs. Le premier votant vote v_1, le deuxième v_2 et ainsi de suite jusqu'à v_5. Les votes chiffrés correspondants sont $\boxed{v_1}, \boxed{v_2}, \boxed{v_3}, \boxed{v_4}, \boxed{v_5}$ (nous avons omis ici l'aléa utilisé par les votants pour former leur bulletin, car il n'intervient pas dans notre discussion, mais il est évidemment présent). Grâce au chiffrement homomorphe, il est possible de faire des opérations sur les votes, sans utiliser la clé secrète. Plus précisément, en multipliant les dix bulletins chiffrés ensemble, on obtient le chiffré de la somme des votes :

$$\boxed{v_1} \times \boxed{v_2} \times \boxed{v_3} \times \boxed{v_4} \times \boxed{v_5} = \boxed{v_1 + v_2 + v_3 + v_4 + v_5}$$

L'intérêt principal d'une telle opération est qu'il suffit alors de déchiffrer un seul message : le chiffré de la somme des votes. Les autorités de déchiffrement n'utiliseront leur clé secrète que pour déchiffrer ce dernier message, refusant de l'utiliser pour les chiffrements des votes individuels. C'est l'intérêt d'avoir partagé la clé secrète de déchiffrement : les autorités honnêtes garantissent que seul le chiffré du résultat sera déchiffré, protégeant ainsi le secret du vote de chacun. Elles *prouveront* également grâce à une preuve *zero-knowledge* qu'elles ont correctement déchiffré, pour assurer qu'elles n'ont pas modifié le résultat de l'élection.

De façon plus imagée, il est possible, à partir de cinq enveloppes contenant chacune un vote, de fabriquer une grosse enveloppe contenant exactement tous les votes, comme représenté à la figure 12, et cela sans ouvrir les enveloppes ! Il suffit alors d'ouvrir la grosse enveloppe, cette fois en utilisant les clés secrètes, mais sans rien apprendre sur le contenu individuel de chaque petite enveloppe.

De ce fait, même si une personne malintentionnée a pu apprendre quel est le bulletin d'Alice, elle ne peut pas connaître le contenu de son bulletin, elle ne sait donc rien du vote d'Alice.

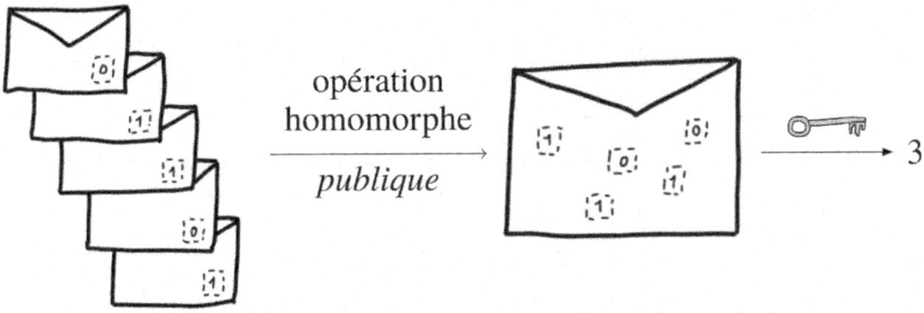

Figure 12. Le chiffrement homomorphe permet de manipuler des bulletins chiffrés, sans les ouvrir.

Le dépouillement basé sur le chiffrement homomorphe est plus simple à mettre en œuvre que les mélangeurs vérifiables. Il permet de compter le nombre de voix reçues pour chaque candidat. Par contre, il ne s'applique pas à des scrutins plus complexes où les électeurs classent les candidats par ordre de préférence. Un sujet de recherche actuel consiste à explorer s'il est possible de calculer uniquement le vainqueur d'une élection dans ce cas, en opérant à nouveau sur les bulletins chiffrés et sans ouvrir individuellement les bulletins. Un objectif est d'éviter de dévoiler plus d'information que nécessaire et d'empêcher ainsi les attaques à l'italienne, où un électeur permet la réidentification de son bulletin (papier) en sélectionnant une combinaison improbable de choix. D'un point de vue théorique, il s'agit d'un problème résolu : il est mathématiquement possible d'effectuer toutes les opérations arithmétiques de base (addition, multiplication, comparaison) sur les bulletins chiffrés. On peut donc appliquer toutes les fonctions usuelles de décompte des voix. La difficulté est de trouver un compromis raisonnable quant à la taille du bulletin et à son temps de calcul, car un électeur doit pouvoir voter en quelques secondes avec son ordinateur ou son téléphone. Les calculs sur les bulletins chiffrés, effectués par le serveur de vote et les autorités de déchiffrement, doivent donc également être relativement efficaces. Même si les autorités de déchiffrement peuvent posséder du matériel avancé, il ne semble pas acceptable que le dépouillement dure plus longtemps que quelques heures, au plus.

À l'heure actuelle, mélangeurs vérifiables et chiffrement homomorphe sont les deux grandes techniques utilisées pour permettre un dépouillement vérifiable par tous, sans permettre de relier un vote à son bulletin chiffré initial et donc sans risquer de dévoiler le vote des électeurs. Le dépouillement est l'une des étapes importantes d'une élection mais il faut le combiner avec d'autres moments clés comme la mise en place de l'élection et, bien sûr, la phase de vote. Les systèmes de vote électroniques doivent combiner successivement différentes techniques pour permettre le secret du vote et la vérifiabilité de bout en bout.

CHAPITRE 10

Belenios

Combiner les outils cryptographiques pour construire un système de vote à la fois sûr et utilisable est un exercice difficile. Dans ce domaine en pleine évolution, les compromis sont multiples. Nous allons présenter ici un système relativement simple, appelé *Belenios**. Le nom de Belenios a été choisi en référence à Helios, un ancêtre du système Belenios. Alors qu'Helios rend, bien sûr, hommage au dieu grec du soleil, Belenios est un clin d'œil au dieu du ciel gaulois, Bélénos. Il s'agit d'un protocole de vote issu du monde académique dont nous sommes concepteurs, avec Stéphane Glondu. Ses spécifications sont publiques et le logiciel correspondant est développé en *open source*. Il est possible de lire le code source et de le modifier librement, à condition de le redistribuer sous les mêmes conditions. Pour organiser une élection, on a la possibilité de mettre en place son propre serveur d'élections à partir du code source de Belenios. Plus simplement, on peut se servir directement de la plateforme de vote mise à disposition par les développeurs[1].

1. https://www.belenios.org.

Cette plateforme est utilisée en pratique dans des contextes divers, par exemple pour l'organisation de votes en assemblée générale au sein d'associations sportives ou culturelles, pour l'élection de représentants de parents d'élèves, l'élection de membres à l'Académie des sciences, ou encore pour des élections de représentants du personnel au sein d'universités. Au total, en 2021, plus de 2 300 élections ont été organisées avec Belenios, avec un total de plus de 200 000 électeurs. La pandémie de Covid-19 a contribué à l'augmentation de l'utilisation de la plateforme, puisque de nombreuses associations ou comités ont dû se réunir virtuellement. Comme l'outil de vote est disponible en plusieurs langues, Belenios est utilisé non seulement en France mais aussi dans de nombreux autres pays, de la Pologne à l'Uruguay. Le caractère multilingue de Belenios ne provient pas d'une extraordinaire compétence linguistique de ses auteurs (loin d'être polyglottes). La traduction est assurée par une *crowd contribution*, littéralement contribution de la foule, en anglais. Autrement dit, Belenios est adossé à une plateforme de traduction, où chacun peut facilement traduire Belenios dans la langue de son choix et améliorer les traductions existantes.

La mise en place d'une élection

Tout comme une élection à l'urne demande une préparation (installation du bureau de vote, impression et envoi des bulletins papier), la mise en place d'une élection électronique fait appel à plusieurs acteurs et passe par plusieurs étapes, résumées à la figure 13.

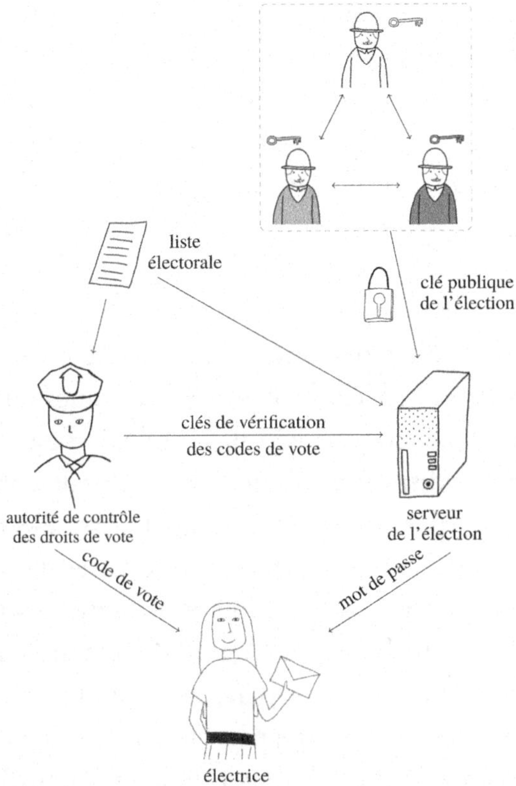

Figure 13. Mise en place d'une élection avec Belenios.

Une des premières étapes consiste à fabriquer la clé publique de l'élection, qui servira à chiffrer le vote de chaque électeur. Cette clé de chiffrement est construite de façon collaborative par plusieurs autorités dites de déchiffrement. Il s'agit, par exemple, de certains membres de la commission électorale, ou bien de représentants des candidats. Chaque autorité possède une clé secrète et il faudra toutes les autorités pour déchiffrer ou bien seulement un seuil, comme nous l'avons évoqué au chapitre sur les outils cryptographiques. On peut ainsi décider qu'il faudra la contribution de trois autorités parmi cinq pour déchiffrer. Les clés secrètes sont réparties sur des ordinateurs différents et ne sont donc jamais réunies sur un support unique, dont la compromission pourrait mettre à mal le secret du vote de toute l'élection.

Une deuxième étape cruciale est l'établissement de la liste électorale et la distribution du matériel de vote aux électeurs. Mettre au point la liste électorale est souvent difficile car il faut faire la chasse aux électeurs qui n'ont plus le droit de vote (suite à un départ, par exemple), repérer les doublons et s'assurer de n'oublier personne. Cette tâche est commune à toutes les élections, qu'elles soient électroniques ou traditionnelles. Nous considérerons ici que cette étape est hors protocole et que nous disposons d'une liste électorale correctement établie. Chaque personne figurant sur la liste électorale doit alors recevoir du matériel permettant de voter. Comme pour le vote à l'urne, un électeur doit s'authentifier afin qu'on puisse mettre à jour la liste d'émargement. Une particularité de Belenios est de mettre en place un double contrôle de la légitimité de l'électeur. D'une part, le serveur de vote dispose d'un mécanisme de mot de passe pour authentifier chaque électeur. D'autre part, une *autorité de contrôle des droits de vote* produit un code de vote pour chaque électeur. Ce code de vote servira à signer le bulletin de l'électeur et seul l'électeur pourra produire une signature valide. Pour que chacun puisse vérifier que les signatures proviennent d'électeurs légitimes, l'autorité de contrôle publie la liste des clés de vérification correspondant aux codes de vote qu'elle a émis. Bien sûr, il est impossible de calculer la clé permettant de signer à partir d'une clé de vérification. Cette double protection a pour objectif de répartir le contrôle de la légitimité sur deux acteurs : le serveur de l'élection et l'autorité de contrôle. Aucun des deux ne dispose, à lui seul, de tout le matériel de vote. Sans cette double protection, le serveur de vote pourrait ajouter quelques bulletins supplémentaires au nom d'électeurs abstentionnistes, en complétant la liste d'émargement de façon appropriée. Ce n'est pas possible dans Belenios puisque le serveur de vote n'est pas capable de signer les bulletins.

Récapitulons. Chaque électeur a besoin de deux éléments pour voter : un mot de passe de la part du serveur de l'élection, ainsi qu'un code de vote de la part de l'autorité de contrôle des droits de vote. Comment faire parvenir cela à l'électeur ? La solution la plus simple, et la plus souvent utilisée, est d'envoyer le matériel de vote par courriel à l'électeur, à la même adresse. C'est une solution facile à mettre en œuvre mais toute personne ayant accès à la messagerie de l'électeur sera en mesure de voter à sa place. Idéalement, il faut utiliser des canaux de communication différents : messagerie électronique, SMS, courrier. Cependant, la multiplication des canaux a un coût à la fois financier et humain car l'électeur doit réussir à réunir des éléments reçus à des moments différents. D'autre part, il n'est pas toujours facile de connaître, pour chaque électeur, son adresse électronique et son numéro de téléphone.

Pour permettre la vérifiabilité, chaque élection est dotée d'une page Web dédiée qui contient notamment l'urne de l'élection, à savoir l'ensemble des bulletins chiffrés. L'urne est bien entendu vide avant le début de la phase de vote. Chacun peut le vérifier, contrairement à la situation d'un système à urne cachée. Cette page Web affiche également les données publiques de l'élection, à savoir la clé publique de chiffrement ainsi que les clés de vérification des électeurs (une clé par électeur). Les autorités de déchiffrement d'une part, et l'autorité de contrôle des droits de vote d'autre part, peuvent vérifier que ces clés correspondent aux données qu'elles ont produites.

La phase de vote

Pour voter, l'électeur se connecte au serveur de vote à l'aide de son ordinateur, sa tablette ou son téléphone. Il saisit le code de vote qu'il a reçu et pénètre alors dans l'isoloir virtuel de Belenios : la fenêtre du navigateur dans laquelle s'exécute Belenios n'échange plus avec l'extérieur. L'électeur choisit à l'écran le ou les candidats pour qui il souhaite voter. Son ordinateur chiffre alors ses choix et signe le bulletin chiffré avec le code de vote. Il ajoute également une preuve *zero-knowledge* qu'il s'agit d'un bulletin chiffré contenant un choix de vote valide. Ainsi, sans ouvrir le bulletin chiffré, on peut s'assurer que l'électeur a bien respecté les règles de l'élection. Aucun bulletin nul n'est possible. En revanche, il est permis de voter blanc si cette option fait partie des choix possibles de l'élection. À cette étape, le bulletin chiffré est formé sur l'ordinateur du votant mais est toujours dans l'isoloir virtuel. Un point important de Belenios est que l'électeur voit affiché le *numéro de suivi* de son bulletin, à savoir son empreinte. L'intérêt d'afficher l'empreinte du bulletin et non le bulletin lui-même est qu'il s'agit d'une donnée beaucoup plus courte et plus facilement comparable. Dès que l'électeur confirme son choix, il quitte l'isoloir et s'authentifie avec l'identifiant et le mot de passe qu'il a reçus. Le serveur vérifie qu'il s'agit d'un électeur légitime, c'est-à-dire que le mot de passe est le bon et que le code de vote correspond à l'une des clés de vérification envoyées par l'autorité de contrôle des droits de vote. Le serveur met alors à jour la liste d'émargement et dépose le bulletin dans l'urne. Dès cet instant, l'électeur peut consulter l'urne de l'élection et s'assurer que son bulletin est bien présent en vérifiant que son numéro de suivi apparaît dans l'urne. Il peut renouveler cette vérification à tout moment.

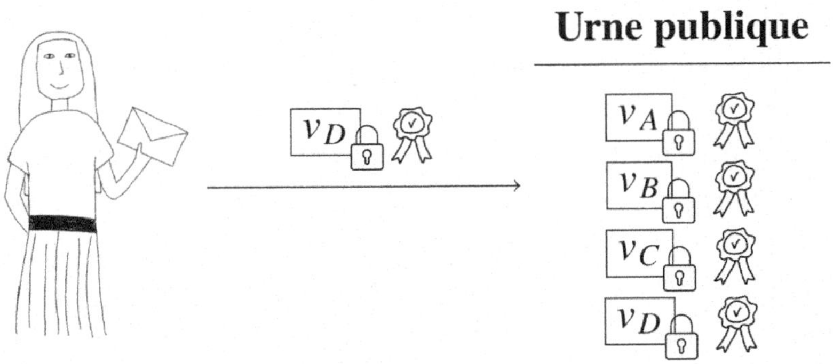

Figure 14. Phase de vote avec Belenios. L'électrice envoie son vote chiffré v_D ainsi que les informations de vérification .

Un point particulier de Belenios est que l'électeur peut voter de nouveau, jusqu'à la fin de l'élection. Seul son dernier bulletin sera pris en compte. Il s'agit d'une défense contre une forme de coercition. Par exemple si un grand-père se fait un peu aider par sa petite-fille pour se servir de Belenios, il n'osera peut-être pas voter devant elle pour le parti qu'elle exècre. Mais il pourra simplement revoter plus tard, une fois sa petite-fille partie.

Le dépouillement

L'ensemble des bulletins chiffrés est disponible sur l'urne publique, depuis une page Web. Même si aucun bulletin n'est directement associé à l'électeur qui l'a émis, le serveur de vote sait de qui provient chaque bulletin, puisqu'il a authentifié chaque électeur. De plus, si quelqu'un sait que son collègue vient de voter, il peut facilement identifier le bulletin qui vient d'apparaître dans l'urne. Il est donc hors de question d'ouvrir un à un les bulletins chiffrés.

Belenios permet les deux techniques de dépouillement détaillées au chapitre précédent. Lorsqu'il s'agit d'une élection simple, où les électeurs sélectionnent une ou plusieurs propositions parmi une liste, le plus facile est de profiter du caractère homomorphe du chiffrement : il est possible de calculer un bulletin chiffré qui contient le nombre de voix reçues pour chaque proposition. Les autorités de déchiffrement procèdent alors uniquement au déchiffrement de ce bulletin résultat. Si le scrutin est plus complexe et demande, par exemple, aux électeurs de classer les propositions par ordre de préférence, il faut alors d'abord mélanger les bulletins de manière à produire de nouveaux bulletins, différents, mais contenant exactement les mêmes votes que les bulletins originaux. Chaque *autorité de déchiffrement** procède tour à tour à un mélange. Ainsi, on obtient un ensemble de bulletins que personne ne sait relier aux bulletins originaux. Les autorités de déchiffrement interviennent de nouveau, pour déchiffrer ces bulletins, ce qui permet de procéder au comptage. Quel que soit le mode de dépouillement utilisé, les autorités fournissent des preuves *zero-knowledge* qui garantissent que le résultat du vote correspond bien au contenu de l'urne.

Un type de scrutin un peu particulier est celui où les électeurs ne disposent pas tous du même nombre de voix. C'est le cas, entre autres, dans certaines associations sportives où le nombre de voix d'un club dépend de son nombre d'adhérents. On retrouve cette situation avec des actionnaires dont le poids du vote est proportionnel au nombre d'actions détenues dans la société. Les poids peuvent alors être très variables, selon qu'il s'agit d'un petit ou d'un gros actionnaire. Même avec des bulletins papier, il n'est pas facile de réaliser un vote à bulletin secret. Si un actionnaire a 1 042 voix, faut-il qu'il mette 1 042 bulletins dans l'urne ? Cette opération risque d'être assez pénible et le matériel utilisé sera considérable. Une solution serait d'écrire le poids « 1 042 » sur le bulletin et, lors du dépouillement, d'affecter un poids de 1 042 au choix du votant. Mais alors c'est le secret du vote qui risque d'être compromis si un seul électeur a un poids de 1 042. Grâce au chiffrement homomorphe, c'est un aspect facile à traiter. Dans un premier temps, on note le poids associé à chaque bulletin chiffré. Puis, lorsqu'on calcule le bulletin résultat qui correspond au chiffrement de la somme des voix, il suffit de dupliquer chaque bulletin autant de fois que son poids, et le tour est joué. Belenios implémente ce mécanisme et permet ainsi d'effectuer des scrutins pondérés avec un bon niveau de sécurité.

Types de scrutins possibles avec Belenios

- Sélection de candidats parmi plusieurs :
  - vote à poids possible (certains électeurs ont plus de voix) ;
  - choix du nombre de candidats sélectionnés (entre 0 et 10, entre 3 et 5, etc.).
- Vote préférentiel (les candidats sont classés).
- Vote par valeurs (les candidats sont notés).

Comment déterminer les vainqueurs lorsque les électeurs ont exprimé un classement ou ont noté les candidats ? Cette question difficile est abordée au chapitre 13. À l'heure actuelle, Belenios propose les *méthodes dites de Condorcet** et de *STV** pour le vote préférentiel, et la technique du *jugement majoritaire** pour le vote par valeurs.

Les garanties

Le système de vote Belenios donne à la fois des garanties de transparence et de secret du vote. Tout d'abord, et même si le serveur de vote est compromis, un électeur a la garantie que son vote reste secret, à condition que les autorités de déchiffrement ne collaborent pas pour déchiffrer son bulletin. Imaginons maintenant que, dans vingt ans, la cryptographie actuellement utilisée dans Belenios soit trop faible. Les données publiques de l'élection (bulletins chiffrés, clés de vérification des codes de vote, clé publique de l'élection) ne permettent pas de relier un bulletin à un électeur. Donc le secret du vote tiendrait toujours[1].

D'autre part, Belenios satisfait trois propriétés de vérifiabilité.

- *La vérifiabilité individuelle* : chaque électeur peut s'assurer que son bulletin est bien dans l'urne, en vérifiant son numéro de suivi.
- *La vérifiabilité universelle* : tout le monde peut s'assurer que le résultat de l'élection correspond aux bulletins de l'urne, grâce aux preuves *zero-knowledge*.
- Enfin, *la vérifiabilité de la légitimité* : chacun peut s'assurer que les bulletins sont signés par l'une des clés de vérification déclarées valides par l'autorité de contrôle des droits de vote.

Par rapport à de nombreux systèmes utilisés en pratique, Belenios offre donc un bon niveau de transparence, sans compromettre le secret du vote et tout en préservant une relative simplicité pour l'électeur.

---

1. Sauf si un attaquant s'est, en outre, procuré une sauvegarde des données internes du serveur de l'élection. Dans ce cas, ce lien redevient disponible, et l'attaquant aurait toutes les informations nécessaires pour savoir qui a voté quoi.

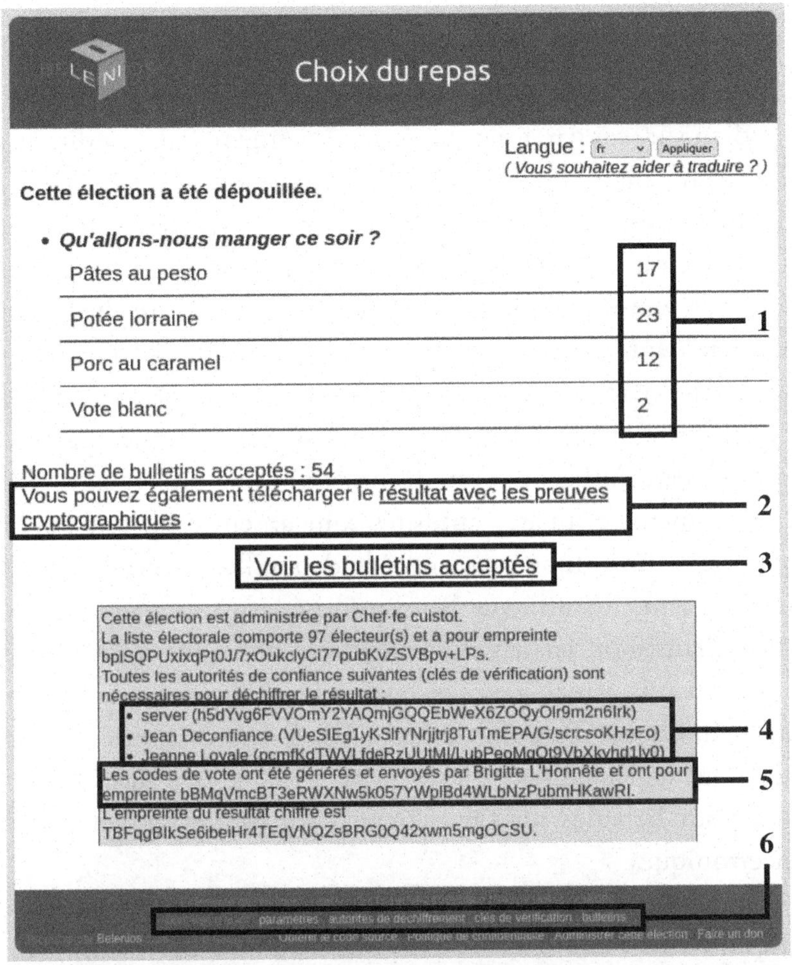

1. Résultat sous forme lisible par les humains.
2. Lien vers le résultat et ses éléments cryptographiques.
3. Lien vers l'urne contenant les bulletins chiffrés.
4. Autorités de déchiffrement et empreintes des clés.
5. Autorité des droits de vote, et empreinte de ceux-ci.
6. Liens vers les données d'audit complètes.

Figure 15. Capture d'écran d'une élection effectuée avec Belenios. Sur la page qui affiche le résultat du dépouillement, on trouve toutes les informations liées aux propriétés de sécurité.

Les hypothèses

Bien sûr, ces garanties de sécurité viennent sous conditions. On l'aura bien compris, nul ne possède la clé de déchiffrement, qui est répartie auprès des autorités de déchiffrement. Le secret du vote repose donc sur le fait que les autorités ne sont pas toutes malhonnêtes ou bien simplement négligentes : elles doivent tenir leur clé secrète en lieu sûr. Le choix du seuil est un réglage délicat. Supposons que l'organisateur de l'élection choisisse un seuil de trois sur sept : trois autorités sur les sept suffisent pour déchiffrer. C'est un réglage pratique : même si quatre autorités sont absentes ou ont perdu leur clé, il est toujours possible de dépouiller le scrutin. Mais inversement, il suffit que trois autorités parmi les sept soient malveillantes ou laissent fuiter leur clé pour que le secret du vote soit mis à mal. Les électeurs doivent donc être informés du seuil choisi, du nom des autorités à qui on confie les clés ainsi que de leur capacité à stocker ces clés en lieu sûr. Cela est vrai pour Belenios mais également pour tout type d'élections électroniques.

Pour la vérifiabilité, les preuves *zero-knowledge* de bon déchiffrement de l'urne assurent que le résultat correspond aux bulletins dans l'urne, même si toutes les autorités de déchiffrement sont malhonnêtes. C'est une garantie cryptographique forte qui ne requiert aucune hypothèse, si ce n'est la solidité de la construction cryptographique. Il faut, cependant, que quelqu'un procède à ces vérifications. En théorie, tout le monde, électeurs, autorités ou observateurs extérieurs, peut le faire. En pratique, pour assurer que ces vérifications sont effectuées au moins une fois, Belenios effectue une surveillance automatique de l'urne. Concrètement, un programme télécharge régulièrement des élections en cours ou dépouillées et procède à toutes les vérifications nécessaires. Bien sûr, c'est encore mieux si cette surveillance est effectuée par des personnes extérieures à Belenios. La vérifiabilité individuelle dépend principalement de l'électeur : il peut vérifier si son bulletin est dans l'urne mais encore faut-il qu'il le fasse ! Si les vérifications sont rarissimes, alors un serveur de vote malveillant prend peu de risque à éliminer certains bulletins. Par exemple, le serveur pourrait supprimer des bulletins en provenance d'une région identifiée comme défavorable au candidat à élire. L'adresse IP de l'électeur (l'adresse de son ordinateur) donne, en général, des indications assez précises sur sa localisation. Il faut donc que les vérifications des électeurs soient suffisamment fréquentes pour qu'un serveur ne se risque pas à subtiliser un bulletin. Notre programme de surveillance des urnes vérifie qu'une fois un bulletin inséré dans une urne il n'en disparaît jamais, sauf s'il est remplacé par un bulletin de la même provenance (même code de vote). Enfin, la vérifiabilité de la légitimité repose fortement sur l'autorité de contrôle des droits de vote. Cette autorité a remis à chaque électeur un code unique lui permettant de voter. Si elle est malveillante, elle peut, bien sûr, garder une copie des codes pour les utiliser à des fins personnelles. C'est alors le serveur de vote qui agit comme dernier rempart : pour voter, il faut à la fois un code de vote valide et un mot de passe reconnu par le serveur de vote. Mais si l'autorité de contrôle et le serveur sont tous les deux corrompus et collaborent, ils ont la capacité d'ajouter des bulletins de la part des électeurs abstentionnistes. Seul un examen attentif de la liste d'émargement permettra peut-être de révéler que certains électeurs ont « émargé » alors qu'ils n'avaient pas la capacité de voter.

Une autre hypothèse délicate de Belenios est l'existence d'une page Web accessible en permanence à tous les électeurs. C'est une hypothèse séduisante et qui semble simple à mettre en œuvre. Cependant, une page Web reste une donnée informatique transmise par un ordinateur, ici le serveur de l'élection. Il est donc possible que tous les électeurs ne voient pas la même page alors qu'ils consultent le même lien ! Un serveur malveillant pourrait ainsi montrer à une électrice, Alice, une urne qui contient son bulletin mais retirer le bulletin lorsqu'il montre l'urne aux autres électeurs. En particulier, le serveur pourrait supprimer le bulletin d'Alice de l'urne présentée aux autorités de déchiffrement. À moins qu'Alice ne vérifie elle-même les preuves *zero-knowledge* de bon déchiffrement à la fin de l'élection, pour s'assurer que le résultat prend bien en compte son bulletin, elle ne découvrira jamais la supercherie. Pour garantir que tous les électeurs et toutes les autorités de l'élection consultent bien la même urne, une solution consiste à décentraliser l'urne, c'est-à-dire à la répliquer sur plusieurs serveurs indépendants qui se surveillent mutuellement.

Une dernière difficulté éludée jusqu'ici est que chaque participant, électeur ou autorité, doit exécuter du code : l'électeur doit chiffrer son vote, et les autorités de déchiffrement doivent déchiffrer. Dans l'utilisation la plus habituelle de Belenios, le code est tout simplement téléchargé depuis le serveur. Ainsi, lorsqu'un électeur vote, il commence par se connecter au serveur qui envoie à son navigateur un petit programme lui permettant de voter, c'est-à-dire d'effectuer sa sélection et de la chiffrer, avant d'envoyer le bulletin obtenu au serveur. Cela fait du serveur un point névralgique : s'il est corrompu, il peut faire exécuter de façon invisible n'importe quel programme aux électeurs comme à toutes les autorités ! La sécurité de Belenios repose donc sur le fait que chaque participant exécute bien le logiciel attendu, qu'il pourrait obtenir de façon indépendante. Par exemple, en téléchargeant directement le code source de Belenios, disponible publiquement et auditable. Ou bien, de façon plus réaliste pour le commun des mortels, en votant depuis une application fournie par un magasin d'applications, comme c'est le cas sur les téléphones. Il serait alors possible à des experts de vérifier que l'application correspond bien au logiciel attendu. À nouveau, la provenance du code exécuté par les électeurs est un point critique commun à la plupart des systèmes de vote.

Enfin, un rôle essentiel apparaît en filigrane de la transparence d'un système de vote, celui d'*auditeur*. N'importe qui peut vérifier que l'urne d'une élection ne fait que croître. N'importe qui peut vérifier que les bulletins proviennent d'électeurs légitimes, c'est-à-dire qu'ils sont signés par un code de vote valide. N'importe qui peut vérifier la correction des preuves *zero-knowledge*. Mais dans la pratique, il ne s'agit pas d'une tâche faisable par une simple inspection des bulletins. On suppose, en fait, la présence d'auditeurs externes qui vont procéder aux vérifications à l'aide de logiciels.

La spécification complète de Belenios est disponible, ainsi qu'un logiciel de référence, ce qui permet à toute personne experte de réaliser son propre programme de vérification. Cependant, en pratique, il n'est pas si simple de trouver des personnes acceptent de se prêter au jeu d'auditeur. C'est pourtant crucial pour assurer que la véracité du résultat ne dépend pas du bon comportement du serveur. En bref, la vérifiabilité de Belenios ne fonctionne que si on vérifie !

Les limites

Nous venons de détailler un certain nombre de limites de Belenios. En particulier, les garanties de secret du vote et de vérifiabilité de l'élection ne tiennent que si l'élection est bien mise en œuvre, avec plusieurs autorités de déchiffrement, une autorité de contrôle des droits de vote, une urne effectivement surveillée et vérifiée. Cependant, même dans les meilleures conditions possible, certaines propriétés ne sont pas garanties par Belenios.

Tout d'abord, Belenios n'assure pas la vérifiabilité de l'intention. Si l'ordinateur de l'électeur est compromis ou défaillant, il peut chiffrer un bulletin correspondant au choix du candidat B alors que l'électeur a sélectionné A sur son écran. Il serait facile d'intégrer à Belenios le mécanisme de « défi à la Benaloh » présenté au chapitre sur la vérifiabilité : une fois que l'ordinateur a produit un bulletin chiffré, le votant peut choisir de le mettre dans l'urne ou bien de le faire ouvrir par un tiers, en demandant à son ordinateur de produire tous les nombres aléatoires utilisés. Plusieurs tests doivent être effectués par chaque électeur, ce qui rend cette procédure difficile à suivre en pratique et donc peu utile. Au chapitre 11, nous verrons comment certains systèmes permettent la vérifiabilité de l'intention, tout en maintenant un fonctionnement raisonnable pour l'électeur.

Si l'ordinateur de l'électeur était malhonnête, il pourrait non seulement modifier le vote à l'insu de l'électeur mais également le transmettre. En effet, l'électeur sélectionne son candidat favori directement à l'écran. Son ordinateur a donc la connaissance du vote et pourrait l'envoyer discrètement à un serveur chargé de collecter qui a voté quoi. Il s'agit malheureusement d'une limite commune à toutes les techniques où l'électeur rentre directement son vote sur son ordinateur, soit la très grande majorité des systèmes utilisés !

Enfin, Belenios ne résiste pas à l'achat de vote. Nous l'avons vu, la possibilité de voter à nouveau offre une certaine protection contre une coercition de la part de l'entourage. Mais une personne souhaitant faire pression de façon plus directe peut tout simplement exiger que l'électeur lui donne ses identifiants et son code de vote. Cette pression peut être une menace ou la promesse d'une rétribution financière. Une fois les identifiants

Propriétés	Belenios	
Vérifiabilité		
de l'intention	✘	l'ordinateur peut modifier le vote les contre-mesures sont peu réalistes
individuelle	✔	l'électeur peut vérifier son bulletin
universelle	✔	les calculs sont vérifiables, l'urne est publique
légitimité	✔	si au moins le serveur ou l'autorité de contrôle se comportent comme attendu
Secret du vote	✔	si au moins une autorité de déchiffrement protège sa clé
pour toujours	✔	vis-à-vis d'un attaquant qui n'a enregistré que les informations publiques
Achat de vote	✘	l'électeur peut transmettre son matériel de vote ou prouver comment il a voté

Figure 16. Propriétés de Belenios.

et le code de vote obtenus, il est facile de voter à la place de l'électeur et de vérifier que ce dernier ne vote pas plus tard : il suffit de s'assurer qu'aucun bulletin signé avec le même code de vote n'apparaisse. Il est assez difficile de se protéger contre l'achat de vote. Il faut pouvoir prétendre transmettre son matériel de vote sans le faire vraiment. Nous évoquerons un mécanisme possible pour résister à l'achat de vote dans le chapitre suivant.

En conclusion, Belenios est un système de vote qui assure des propriétés cruciales pour le vote électronique : le secret du vote ainsi que les vérifiabilités individuelle, universelle et de la légitimité. Cependant, il n'est pas adapté dans le contexte d'élections à forts enjeux comme des présidentielles. Il faudrait alors offrir des moyens d'authentification des électeurs plus fiables, résistants à l'achat de vote, et assurer la vérifiabilité de l'intention. Cependant, Belenios permet de démontrer qu'il est tout à fait possible de proposer un système de vote vérifiable et utilisable. Il est également conçu dans un but pédagogique, pour montrer les étapes nécessaires, offrir un code de référence et sensibiliser à la nécessité des vérifications par *tous* les acteurs du vote, des autorités de l'élection aux électeurs.

CHAPITRE 11

D'autres systèmes

Certaines propriétés semblent toujours irréalisables. Comment empêcher l'achat de vote lorsque les électeurs reçoivent leur matériel électoral par courriel ou courrier ? Comment se protéger contre son propre ordinateur, si celui-ci est infecté par un virus qui cherche à modifier le vote ou bien à le divulguer ? Pourtant la littérature sur le vote électronique est très fournie et chaque problème a sa solution. Nous souhaitons montrer ici les mécanismes qui permettent de protéger contre l'achat de vote ou contre le comportement d'un ordinateur malveillant. Comme nous le verrons, certains dispositifs sont difficiles à mettre en œuvre, parce qu'ils sont coûteux pour les organisateurs ou bien complexes pour les électeurs. Néanmoins, ils laissent entrevoir des pistes pour de futurs systèmes de vote garantissant plus de sécurité.

Vérifier l'intention

Il existe une façon très simple de s'assurer que le résultat d'une élection correspond aux votes des électeurs : le vote à main levée. Le vote de chacun ne peut pas être manipulé et tout le monde peut compter les voix. Si on dispose d'un tableau d'affichage public, c'est facilement transposable à distance : on écrit le vote de l'électeur à côté de son nom, de façon visible de tous. Ainsi, chacun peut vérifier que son vote a été correctement enregistré et que le résultat correspond aux votes affichés. Une difficulté subsiste pour les électeurs qui s'abstiennent : quelqu'un peut avoir ajouté un vote à côté de leur nom. Si ce système a le mérite de la simplicité, il présente un inconvénient majeur lorsqu'on souhaite voter à bulletins secrets : chacun sait qui a voté quoi. C'est, cependant, ce principe simple qui sert de base au système sElect (Küsters *et al.*, 2016), un prototype développé par des chercheurs de l'université de Stuttgart, en Allemagne. À la place du nom de l'électeur, le tableau affiche un nombre aléatoire, connu seulement de l'électeur, et qui lui sert de pseudonyme. L'électeur peut vérifier que son vote a été pris en compte, sans perdre le secret de son vote : il lui suffit de vérifier que ce pseudonyme apparaît sur le tableau, accompagné de son vote. Bien sûr, les votes et les pseudonymes ne sont pas envoyés en clair au serveur de vote mais chiffrés. Comme pour la plupart des systèmes de vote, le déchiffrement est effectué par plusieurs autorités qui mélangent les bulletins.

L'avantage de ce système est que les électeurs voient directement leur vote sur le tableau public, et non un bulletin chiffré. Si leur ordinateur a modifié leur vote, cela sera immédiatement découvert. Malheureusement, d'un point de vue pratique, cette découverte se fait trop tard : l'élection est déjà terminée, les bulletins sont dépouillés et le résultat publié. Si un électeur constate à ce moment que son vote n'a pas été correctement enregistré, on ne peut rien faire d'autre qu'annuler l'élection. D'autre part, l'électeur n'a aucun moyen de prouver l'anomalie. On retrouve ici un manque de redevabilité : il est impossible de dire si c'est l'ordinateur, le serveur de vote ou bien l'électeur qui a triché. Un autre défaut de ce système réside dans le choix du pseudonyme. Comment choisir un pseudonyme au hasard ? Si on laisse cette tâche à l'électeur, il est très probable que plusieurs électeurs auront le même pseudonyme. Quiconque a déjà essayé de choisir un mot de passe au hasard s'est rendu compte que c'est loin d'être facile. Bien sûr, l'ordinateur du votant peut s'acquitter de ce travail. Mais souvenons-nous que l'objectif ici est de se prémunir contre des ordinateurs corrompus, peut-être infectés par un virus qui cherche à élire un candidat particulier. Un programme malveillant a alors tout loisir de procéder à *une attaque dite par collision*. Lorsque des électeurs souhaitent voter pour un même candidat adverse, leurs ordinateurs, infectés par ce virus, affectent à tous le même pseudonyme. Ainsi, tous ces électeurs seront satisfaits : leur pseudonyme apparaîtra sur le tableau d'affichage, avec le candidat choisi, mais sans savoir que d'autres électeurs partagent ce pseudonyme. Un seul vote sera donc compté au lieu d'un vote par chacun des électeurs abusés. Le programme malveillant aura ainsi pu éliminer une part importante des votes qui lui sont défavorables.

Un dernier inconvénient de sElect est qu'il offre un moyen supplémentaire de vendre son vote : il suffit de transmettre son pseudonyme à l'acheteur. Ce dernier pourra vérifier, après le dépouillement, que l'électeur a voté comme demandé. Pour cette raison, d'autres systèmes cherchent à ne révéler le pseudonyme qu'au moment du dépouillement, tout en convainquant l'électeur que c'est bien le sien. Mais, comme sElect, tous sont encore au stade de prototypes de laboratoire et présentent des inconvénients en termes de sécurité ou bien perdent en simplicité pour l'électeur.

Voter en Suisse

En Suisse, les citoyens sont consultés plusieurs fois par an. Plusieurs questions sont posées à chaque élection et les citoyens peuvent répondre par oui ou par non, ou voter blanc. Selon les cantons, ces élections ont lieu dans des bureaux de vote mais aussi à distance, par correspondance et, depuis plusieurs années, par vote électronique. La vérification de l'intention est un prérequis pour tous les systèmes : les électeurs doivent pouvoir s'assurer que leur vote est pris en compte, même si leur ordinateur est infecté par un virus qui tente de modifier le vote. La mise en œuvre de cette propriété est fortement guidée par les exigences définies par la Chancellerie fédérale.

Les électeurs reçoivent à l'avance une carte de vote comprenant différents codes pour s'identifier mais également des codes de vérification pour chaque choix possible, comme l'illustre l'exemple de carte de la figure 17. Les codes de vérification sont propres à chaque électeur. Un électeur vote avec son ordinateur : il sélectionne sa réponse pour chaque question. Son bulletin chiffré est alors envoyé au serveur de vote et une étape de vérification commence : l'ordinateur affiche un code pour chaque question et l'électeur est invité à vérifier sur sa carte qu'il s'agit bien du code de vérification associé à son choix. Si l'ordinateur a modifié le vote, le code de vérification sera erroné. En effet, l'ordinateur n'a pas accès à la carte de vote et ne peut donc pas deviner les codes de vérification. On note ici que l'électeur suisse doit être appliqué et rigoureux car, selon les élections, la vérification peut porter sur une centaine de codes, ce qui est manifestement fastidieux.

VOTATION POPULAIRE 14 juin 2015

Liste des codes de vérification pour le vote électronique uniquement

Liste de codes pour la carte n° 9559-6518-5896-3977

Votation fédérale						
Question n° 1	OUI	**Q7S7**	NON	**P5K6**	BLANC	**B2X3**
Question n° 2	OUI	**R8V6**	NON	**M4M2**	BLANC	**K8Q8**
Question n° 3	OUI	**R8Q6**	NON	**V2W9**	BLANC	**M7E5**
Question n° 4	OUI	**U3X3**	NON	**M2T3**	BLANC	**A7P6**

Votation cantonale						
Question n° 1	OUI	**T8G6**	NON	**V3U6**	BLANC	**Y4W5**

Figure 17. Exemple de carte de vote pour des votations en Suisse, par voie électronique.

Des techniques cryptographiques avancées permettent au serveur de vote de générer ces codes sans pour autant apprendre le vote de l'électeur. Elles diffèrent selon le système mis en place mais elles requièrent toute une infrastructure technique assez lourde, avec plusieurs serveurs indépendants qui fonctionnent en même temps pour se contrôler mutuellement. Un point faible de cette approche réside dans l'imprimeur et les prestataires du système d'acheminement du matériel de vote. Ils ont la connaissance de la totalité du matériel de vote et peuvent donc ajouter des bulletins. Ils peuvent également, sous certaines conditions, connaître le choix des électeurs. La Suisse a préféré considérer ces acteurs comme de confiance, pour pouvoir se prémunir contre des attaques visant les ordinateurs de ses citoyens. C'est un exemple qui illustre parfaitement nos propos : la mise en place d'un système de vote électronique nécessite de choisir où placer sa confiance. Vaut-il mieux faire confiance à l'imprimeur et à la poste ou bien aux ordinateurs des électeurs ? Il n'y a pas de réponse universelle à cette question, il s'agit d'un choix qui doit être fait suivant le contexte de l'élection, et discuté auprès des électeurs, comme le fait la Suisse.

D'autres pays ont également mis en place un mécanisme de vérification de l'intention, comme l'Estonie ou l'Australie, de façon plus ou moins convaincante. Ainsi, pour l'élection parlementaire de l'État australien de Nouvelle-Galles du Sud en 2015, les électeurs avaient la possibilité d'appeler un service de vérification et de saisir leur numéro de reçu pour entendre un système automatisé relire leur vote. Cette approche diminue considérablement le secret du vote. Cependant, des solutions plus satisfaisantes ont été trouvées depuis, sans être parfaites, et nous espérons que la France mettra, elle aussi, en œuvre des systèmes permettant la vérification de l'intention.

Se cacher de son ordinateur

Si on ne fait pas confiance à son ordinateur, un deuxième problème est le secret du vote. Dans l'immense majorité des systèmes de vote, l'électeur sélectionne son choix directement sur l'ordinateur, qui a donc tout loisir de transmettre ce vote en clair à un organisme tiers, qui peut ainsi collecter les votes de chaque électeur dont il a infecté l'ordinateur. Une solution (théorique) est de ne pas transmettre son choix directement à son ordinateur mais d'utiliser un code reçu dans le matériel de vote. Ainsi, l'électeur peut recevoir à l'avance une feuille contenant un code pour chaque choix possible, de façon similaire à la carte reçue par les électeurs suisses, comme présenté à la figure 17. Sauf que, cette fois, les codes ne servent pas à vérifier son vote mais à exprimer son choix. Ce code peut directement correspondre au vote chiffré ou à un codage du vote (Chaum, 2001). Ce sont alors, de nouveau, des techniques cryptographiques avancées qui doivent permettre à l'électeur de s'assurer qu'il vote bien pour le candidat voulu. Cette approche est rarement utilisée en pratique car elle ajoute une étape supplémentaire pour l'électeur : il ne sélectionne pas directement son choix mais saisit un code qui correspond à ce choix, ce qui peut être perturbant. D'autre part, si on pousse la paranoïa un peu plus loin, il semble difficile de cacher ses opinions politiques à son propre ordinateur, qui a accès aux sites Web que nous visitons, aux groupes auxquels nous participons dans différents réseaux sociaux, aux articles de presse que nous lisons.

Apprendre à mentir

Un défi pour le vote électronique reste la résistance à l'achat de vote ou à la coercition. L'achat de vote existe depuis toujours, y compris lors du vote traditionnel à l'urne. Mais le risque est décuplé lorsqu'il s'agit de vote électronique, puisqu'on peut alors vendre son vote sur Internet. Une première piste pour limiter les risques est de rendre le matériel de vote plus difficile à vendre. En Estonie, les électeurs possèdent depuis longtemps une carte nationale d'identité électronique, dotée d'une puce capable de calculs cryptographiques. Ils l'utilisent pour signer électroniquement leur bulletin. Pour vendre son vote, il faut donc louer ou vendre sa carte nationale d'identité, ce qui peut décourager. D'autre part, comme dans le système de vote Belenios, les électeurs peuvent voter de nouveau, seul le dernier vote étant pris en compte. Ainsi, même si on vote sous le regard de collègues ou de la famille, on peut encore modifier discrètement son vote par la suite.

Pour une protection plus forte contre l'achat de vote, certains protocoles, comme JCJ (Juels *et al.*, 2005), qui porte les initiales de ses auteurs, offrent aux électeurs l'opportunité de mentir. Ils reçoivent là aussi du matériel de vote. Mais il est très facile de fabriquer un faux matériel de vote. Au moment du vote, impossible de voir la différence : les deux matériels, le vrai et le faux, donneront la même impression de vote. C'est seulement au moment du dépouillement que les bulletins contenant du faux matériel seront éliminés. Là encore, la cryptographie joue un rôle important. Les bulletins sont une première fois mélangés et modifiés, sans toucher à leur contenu, pour qu'on ne puisse plus reconnaître les bulletins initiaux, tout cela de façon vérifiable. Puis les bulletins invalides, contenant un faux matériel de vote, sont éliminés, à nouveau de façon vérifiable : les autorités de déchiffrement prouvent que les bulletins éliminés sont invalides. Enfin, les bulletins valides sont dépouillés après un nouveau mélange. Que le lecteur se rassure, une réelle compréhension de ces étapes demanderait une description bien plus approfondie, qui ne sera pas faite ici. Mais cette approche est conceptuellement intéressante. C'est le fait que l'électeur peut mentir qui dissuade l'acheteur. Impossible de savoir si on achète du vrai matériel, ou du faux. Cela demande cependant une certaine agilité de l'électeur, qui doit conserver son matériel de vote valide et mentir sur commande. Mais la difficulté principale des systèmes résistants à l'achat de vote réside, en général, dans la distribution du matériel de vote. Puisque mon matériel de vote est indiscernable d'un faux, comment savoir si le matériel qui m'a été remis est valide ? Peut-être que le postier a remplacé les enveloppes contenant le véritable matériel par de fausses enveloppes. Si les électeurs doivent se déplacer en personne, par exemple en mairie, alors les avantages du vote électronique diminuent. D'autre part, cela ne fait que déplacer le problème puisque des employés malveillants peuvent, eux aussi, altérer le matériel.

Pour améliorer la phase de mise en place du scrutin, certains systèmes inspirés de JCJ, comme Civitas (Clarkson *et al.*, 2008) demandent à l'électeur une phase d'enregistrement à distance, à l'aide d'un matériel cryptographique, comme une clé de signature. Malheureusement, il n'est pas si simple dans la vie courante de détenir une clé de signature associée à son identité. Lors des débuts de la déclaration de revenus en ligne, il était ainsi possible de signer électroniquement sa déclaration mais cette possibilité a été abandonnée, trop de gens perdant leur clé. Ainsi les protocoles résistants à l'achat de vote n'existent pour le moment que sous la forme d'articles scientifiques. Cela reste cependant une piste, par exemple dans des pays dotés d'une carte nationale d'identité électronique comme en Estonie, même si les cartes actuelles ne permettent pas forcément toutes les opérations cryptographiques nécessaires.

Les systèmes de vote comme JCJ ou Civitas se définissent, en fait, comme résistants à la coercition, c'est-à-dire résistants à la menace de représailles. Qu'il s'agisse de coercition ou d'achat de vote, la problématique est similaire : il s'agit d'empêcher un électeur d'échanger son vote contre une rétribution (achat de vote) ou l'absence de représailles (coercition). Cependant, les capacités techniques de l'électeur nous semblent différer entre les deux cas. Si un électeur est prêt à vendre son vote sur Internet, cela ne sera pas sur des sites grand public tels eBay ou Leboncoin. Il s'agit donc d'un électeur motivé, possédant des capacités techniques qui lui permettront certainement d'utiliser un petit logiciel fabriquant du faux matériel de vote électronique. Cette situation est bien éloignée de celle d'un électeur agissant sous la menace et craignant des mesures de rétorsion. Non seulement il n'est pas sûr que cet électeur sache se servir d'un programme pour éditer du faux matériel, aussi simple soit-il, mais surtout il faut qu'il ait confiance en cette possibilité, même s'il ne la comprend pas et même si l'auteur des menaces lui assure, en bluffant, qu'il est capable de discerner le vrai du faux matériel. La résistance à la coercition semble un défi particulièrement difficile qui implique non seulement des avancées techniques, pour mettre au point un système à la fois simple et résistant à la coercition, mais également des études sociologiques pour cerner ce qu'un électeur sous la menace est capable de comprendre et d'effectuer. La résistance à l'achat de vote nous semble donc atteignable à un horizon plus proche.

Et si on prenait une blockchain ?

Une solution régulièrement avancée, en général par des nouveaux venus dans le monde du vote électronique, est l'utilisation d'une blockchain, qui permettrait de « sécuriser » le vote. Les blockchains, littéralement chaînes de blocs, servent de colonne vertébrale aux cryptomonnaies, la plus célèbre d'entre elles étant sûrement le bitcoin. Il n'y a pas *une* unique blockchain mais bien de nombreuses blockchains, avec des caractéristiques différentes. À chaque fois, l'idée est que chaque transaction est enregistrée et approuvée par un grand nombre de serveurs indépendants, répartis aux quatre coins du monde. Une transaction peut être un transfert d'argent ou l'enregistrement d'un vote. L'idée séduisante est donc que chaque électeur verra son vote enregistré dans une blockchain, de façon vérifiable et définitive.

Malheureusement, l'usage d'une blockchain ne résout aucun des problèmes fondamentaux du vote électronique. Considérons le premier, le secret du vote. Les systèmes de vote avec blockchain les plus naïfs, mais aussi les plus répandus, publient simplement le vote de l'électeur en clair dans la blockchain. Mais alors, on perd tout secret du vote ! Il va sans dire que le serveur, appelé *nœud*, qui soumet la transaction pour enregistrement dans la chaîne apprend très facilement qui vote quoi. Il suffit, également, à un simple électeur d'observer quand son collègue de bureau vote pour immédiatement connaître ce vote : c'est celui qui vient d'apparaître dans la blockchain. Dans des élections en petit comité, c'est même souvent l'électeur lui-même qui déclare fièrement : « Ça y est, j'ai réussi à voter », révélant sans le vouloir quand il a voté et donc pour qui. Un autre défaut de cette approche est que tout le monde a accès aux résultats partiels de l'élection en cours. Pour cette raison, certains systèmes de vote proposent non pas d'utiliser une blockchain publique, consultable par tous, mais une blockchain privée, à laquelle seuls les organisateurs ont accès. On perd alors tout l'intérêt de la vérifiabilité de la blockchain... Une autre solution avancée est que le vote parvienne « anonymement » dans la blockchain. Pour autant, sur Internet, aucune communication n'est anonyme ! L'élément de la blockchain qui reçoit la transaction connaît, en particulier, l'adresse IP de votre ordinateur. Il existe quelques solutions pour garantir des communications anonymes, comme le protocole Tor[1]. Malheureusement, elles ne sont pas adaptées pour un système de vote puisqu'il faut justement authentifier les électeurs pour

1. Le protocole Tor peut être utilisé à l'intérieur d'un navigateur pour plus de facilité et permet de garantir que les sites visités ne connaissent pas l'adresse réelle de l'utilisateur, https://www.torproject.org.

vérifier qu'ils ont le droit de voter. D'autre part, il est toujours possible de faire le lien entre un vote et son électeur, en observant le moment où ce dernier a voté et quand le vote est apparu sur la blockchain. Pour assurer le secret du vote, il n'y a donc pas d'autre solution que de chiffrer les votes comme dans toutes les solutions classiques, en répartissant les clés de déchiffrement entre plusieurs autorités. On retrouve alors à nouveau la difficulté de permettre à chacun de vérifier que le résultat correspond aux bulletins chiffrés. Pour résumer, aucun des problèmes principaux que sont le secret du vote, la vérification de la légitimité de l'électeur et la vérification du résultat ne peut être résolu avec le recours à une blockchain.

Il reste tout de même une idée pertinente pour le vote, à savoir la répartition d'un registre de données sur de nombreux ordinateurs. Nous avons vu que le système de vote Belenios, comme beaucoup d'autres, repose sur l'existence d'une urne publique, qui contient les bulletins chiffrés. Si cette urne est centralisée sur un unique serveur, ce dernier est susceptible de présenter des urnes différentes suivant l'utilisateur. On peut ainsi faire croire à un électeur que son bulletin est pris en compte alors qu'il est éliminé de l'urne présentée aux autorités de déchiffrement. Pour éviter cet écueil, il faut répartir l'urne sur plusieurs serveurs. C'est l'un des concepts sous-jacents des blockchains : des algorithmes de consensus bien établis assurent, comme leur nom l'indique, le consensus des données partagées. Les blockchains représentent donc une solution pour héberger une urne publique de façon distribuée, sur de nombreux serveurs. Il y a cependant plusieurs inconvénients à avoir recours à une blockchain pour cet usage. Tout d'abord, les blockchains ont un coût important d'un point de vue financier ou énergétique (voire les deux). Ainsi, la consommation énergétique du bitcoin représente chaque année, selon les sources, et à l'heure actuelle, de 40 à 120 TWh, soit la consommation annuelle d'un pays comme la Norvège ou un quart de celle de la France. Pour éviter ce gouffre énergétique, d'autres blockchains ne reposent plus sur une *preuve de travail* de la part de leurs membres (et donc une puissance de calcul), mais sur une *preuve d'enjeu*, avec une consommation énergétique bien moindre : les membres mettent en gage une somme d'argent, ce qui les engage à accepter uniquement des transactions valides. Cependant, chaque transaction a toujours un coût puisqu'il faut rémunérer ceux qui la valident. D'autre part, les données sont parfois moins réparties que ce qu'on pourrait croire. Par exemple, en 2019 et 2020, plus de 65 % des machines qui servaient à contrôler le bitcoin étaient situées en Chine. En outre, ces machines sont regroupées en « coopératives » (*mining pool* en anglais), pour une meilleure efficacité, et plus de 50 % du pouvoir de calcul est, de fait, détenu par seulement quatre coopératives, qui sont à même d'ajouter ou d'empêcher des transactions. Heureusement, l'usage d'une blockchain est superflu dans le cas du vote électronique. Il suffit de garder la notion de consensus, pour laquelle des algorithmes, satisfaisants en pratique, existent depuis longtemps. Pour des élections d'envergure, mieux vaut donc répartir l'urne publique sur plusieurs serveurs bien identifiés et juridiquement responsables (Hirschi *et al.*, 2021).

Si on résume, d'un point de vue technique, les blockchains ne résolvent aucun problème important du vote électronique. Leur promotion dans ce contexte doit plutôt inciter à la méfiance. En revanche, elles poussent l'idée de la transparence de la solution de vote, avec des résultats visibles de tous et, en général, un code source public. C'est une démarche qui va dans le bon sens pour permettre la vérifiabilité des systèmes de vote.

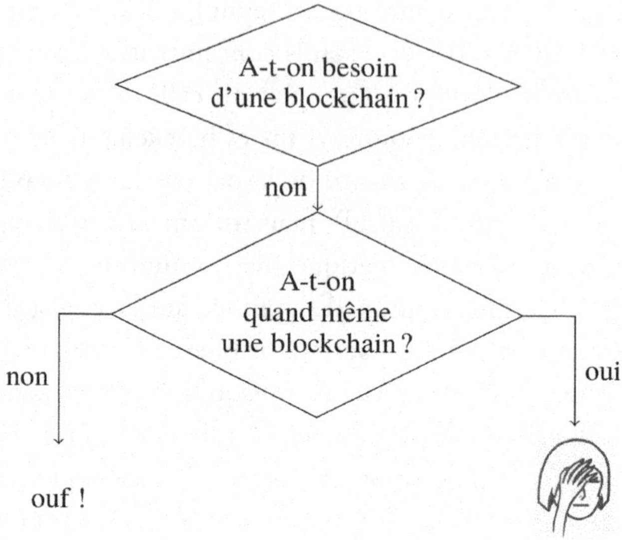

Figure 18. Guide pour évaluer la pertinence d'une blockchain.

Le résultat, rien que le résultat

Le vote papier nous a habitués à connaître l'ensemble des bulletins dépouillés, pour chaque bureau de vote. Cela produit une grande quantité d'informations, bien plus que celle nécessaire pour déterminer, par exemple, quels sont les deux candidats autorisés à passer au second tour des présidentielles. Cette information est utilisée par les différents partis pour savoir où sont leurs électeurs. À chaque fois qu'un redécoupage des circonscriptions est évoqué, chacun calcule à qui le nouveau découpage pourrait être le plus favorable. En effet, avec un même nombre d'électeurs, mieux vaut gagner légèrement plusieurs circonscriptions quitte à en perdre largement plusieurs autres, plutôt que d'en perdre beaucoup de peu. Ces petits calculs politiques sont anciens. Ainsi, aux États-Unis, en 1811, le gouverneur du Massachusetts, Elbridge Gerry, fut accusé d'avoir modifié les circonscriptions d'un comté pour avantager son parti. Le nouveau découpage extrêmement alambiqué fut caricaturé sous la forme d'une salamandre par le dessinateur Elkana Tisdale. De cette affaire est né le mot *gerrymandering*, mélange de Gerry et de *salamander* (salamandre, en anglais) qui désigne un redécoupage à des fins politiques.

Figure 19. Le découpage polémique des circonscriptions opéré, en 1811, par le gouverneur Gerry, et qui a donné le nom de *gerrymandering* à cette pratique. DR.

Il s'agit, bien sûr, d'un dévoiement des règles électorales. Une circonscription devrait plutôt représenter un ensemble géographique et culturel cohérent. Grâce au vote électronique, il est tout à fait possible de ne révéler que le gagnant d'une élection, c'est-à-dire celui qui a remporté le plus de voix, sans révéler le détail des décomptes pour chaque bureau de vote et tout en conservant la traçabilité (vérifiabilité) du résultat. On peut souhaiter connaître, également, la marge de la victoire du gagnant. C'est à nouveau faisable. On pourrait ainsi dévoiler si le gagnant a obtenu entre 50 et 55 % des voix, ou entre 55 et 60 % et ainsi de suite. En fait, le vote électronique offre ici un énorme champ de possibilités. Il reste surtout à déterminer quelle est l'information qu'on souhaite réellement obtenir d'une élection. Est-ce seulement les vainqueurs ? Sinon quoi d'autre, et pour quelles raisons ? Cette perspective remet en question plusieurs siècles d'habitudes en matière électorale.

En dehors de la France, on utilise souvent du vote préférentiel, où les électeurs classent leurs candidats par ordre de préférence. C'est le cas en Australie. L'idée est que les électeurs peuvent fournir plus d'information que le seul nom de leur candidat favori. Dans ce cas, les bulletins contiennent des informations encore plus riches puisqu'on apprend l'ordre de préférence exact de chaque électeur (sans savoir qui a choisi quel ordre, bien sûr). Nous avons expliqué, lors du chapitre sur le secret du vote, comment cette information pouvait être exploitée par *l'attaque à l'italienne*, pour forcer un électeur à voter pour un candidat précis, dans le contexte d'achat de vote ou de coercition. À nouveau, le vote électronique permet de résoudre ce problème en révélant uniquement les gagnants d'une élection, sans dévoiler les bulletins individuels et tout en préservant la vérifiabilité. La cryptographie sous-jacente repose sur des calculs effectués sur les bulletins chiffrés, et répartis entre plusieurs autorités qui possèdent chacune un fragment de la clé de déchiffrement. Personne n'a la capacité de lire les bulletins en clair. Il s'agit d'une technique appelée MPC, *multi party computation*, c'est-à-dire littéralement « calcul à plusieurs parties ». D'un point de vue théorique, on sait depuis longtemps calculer une fonction quelconque de cette façon, par exemple la moyenne des salaires d'un groupe de personnes sans révéler aucun des salaires individuels. Cependant, ces techniques sont souvent très coûteuses en temps de calcul et en communication. Depuis quelques années, plusieurs groupes de recherche ont montré que, dans le cadre du vote électronique, il est tout à fait possible d'améliorer les procédés existants pour arriver à des performances acceptables. Le principal problème est, à nouveau, de définir les informations légitimes qu'on souhaite obtenir d'un scrutin, or les hommes et femmes politiques pourraient rechigner à obtenir une information moins précise sur le vote de leurs électeurs.

En conclusion, à chaque problème sa solution : c'est un peu ce qui caractérise l'état de l'art actuel sur les systèmes de vote électronique. La littérature foisonne de propositions, chacune apportant un compromis différent. Malheureusement, il n'existe, à l'heure actuelle, aucun système qui résolve tous les problèmes simultanément, de l'achat de vote à la vérification de l'intention de l'électeur. En France, il est impossible de savoir ce que les dispositifs déployés garantissent vraiment, car leur description détaillée n'est jamais publique. Une seule chose est sûre : ils n'apportent pas de garantie en matière de vérifiabilité puisque justement leur spécification n'est pas publique. D'autre part, chaque système repose sur ses propres hypothèses de confiance : ici, on suppose que l'envoi du matériel de vote est une étape complètement sécurisée ; là, que le serveur de vote ne peut pas être compromis. Le plus souvent, les hypothèses de confiance varient, y compris pour un système donné, suivant la propriété de sécurité considérée (secret du vote, vérifiabilité, redevabilité). Gageons que les prochaines décennies seront encore prolifiques pour tenter de combiner, simplifier et développer toutes ces techniques.

CHAPITRE 12

Éprouver la sécurité des systèmes de vote

Le cauchemar des concepteurs de protocoles de vote est qu'il y ait une faille, un scénario d'attaque auquel ils n'aient pas pensé. Les protocoles de vote sont redoutables : une équipe entière peut passer des mois à la conception d'un protocole et à l'examen minutieux de tous les scénarios d'attaque imaginables et un jour, à la suite d'une remarque anodine ou d'un regard extérieur, une faille est découverte. Toute simple, évidente et facile à mettre en œuvre pour un attaquant. Et même s'il a fallu des mois, voire des années, pour découvrir le problème, un attaquant peut potentiellement exploiter la faiblesse en quelques minutes et à large échelle, par exemple pour ajouter des votes. Peut-être même que la faille a été utilisée, en toute discrétion, par des attaquants, si le système de vote est déjà déployé.

Comment donc éprouver la sécurité de son système de vote ? Comme pour tout système informatique, le premier réflexe est de tester. Malheureusement, c'est très insuffisant dans le contexte de la sécurité puisqu'un attaquant peut être très imaginatif. Pour se prémunir contre toutes les attaques, il faudrait tester tous les cas possibles et donc un nombre infini de scénarios, ce qui est infaisable. Ce problème n'est pas particulier au vote électronique. Le spectre d'une faille inattendue hante plus généralement les concepteurs de *protocoles de sécurité*, qui recouvrent la grande famille des programmes visant à assurer la sécurité des échanges sur des réseaux comme Internet. Le vote électronique en est un exemple, auquel s'ajoutent de nombreuses applications de la vie de tous les jours, comme le paiement en ligne, la messagerie sécurisée ou l'authentification à un site bancaire. Pour réduire le risque de l'existence d'une faille, une bonne pratique consiste non à tester son système mais à *prouver* sa sécurité, c'est-à-dire à démontrer, dans un cadre mathématique rigoureux, que les propriétés de sécurité demandées sont toujours satisfaites. Ainsi, la dernière version du protocole TLS, colonne vertébrale de la sécurité d'Internet, a été conçue en collaboration avec des chercheurs qui s'attachaient à prouver au fur et à mesure la sécurité des différentes versions proposées. Dans le contexte plus particulier du vote électronique, la Chancellerie fédérale suisse requiert explicitement des preuves de sécurité : « Une preuve symbolique et une preuve cryptographique doivent attester que le protocole cryptographique respecte les exigences visées. » Nous reviendrons dans la suite de ce chapitre sur les termes « preuve symbolique » et « preuve cryptographique ».

Des preuves, mais de quoi ?

Le système de vote est en général décrit sur papier, c'est ce qu'on appelle la *spécification* du système. Les principaux acteurs (électeurs, autorités) sont des êtres humains, l'attaquant est également un être humain ou bien un groupe d'êtres humains, mus par des motifs variés. Comment traduire en termes mathématiques les comportements possibles ? Il s'agit d'une étape de *modélisation*, qu'on retrouve dans d'autres disciplines, comme la physique ou la biologie. Heureusement, ce travail a déjà été effectué dans le cadre des protocoles de sécurité en général. Il est relativement facile de décrire rigoureusement les phases d'un protocole (chiffrement du vote, vérification des signatures, etc.) puisque cela correspond à des étapes d'un programme informatique. Il est beaucoup plus difficile de mathématiser des comportements humains. Pour l'attaquant, on souhaite considérer le pire cas possible. En un certain sens, cela simplifie la tâche puisqu'il n'est pas nécessaire de déterminer précisément ce qu'un pirate est capable de faire. Puisqu'on veut se prémunir contre toutes les attaques possibles, on doit considérer tout ce qu'est capable de faire un autre programme informatique (malveillant). C'est donc finalement plus simple à définir mathématiquement, puisqu'on considère tous les programmes possibles.

Il reste ensuite à exprimer la propriété de sécurité souhaitée. Il existe des modèles bien éprouvés pour étudier les propriétés d'authentification ou de confidentialité des protocoles de sécurité. Il serait naturel de s'appuyer sur ceux-ci pour étudier les protocoles de vote électronique. Curieusement, il est particulièrement difficile de définir une propriété aussi simple que le secret du vote. Tentons l'exercice. Alice et Bob vont prendre part à un référendum. Ils vont donc voter « oui » ou « non » en fonction de leur choix. Un attaquant ne doit pas savoir pour qui ils ont voté. Les valeurs « oui » et « non » ne sont, bien sûr, pas confidentielles. Ce qui doit rester secret, c'est le fait de savoir si Alice a voté « oui », ou « non ». Pourtant, il y a des cas où l'attaquant va facilement déduire le vote d'Alice : si la question du référendum est approuvée à l'unanimité, Alice, comme les autres, a voté oui. Ce cas de l'unanimité est plus ou moins rare suivant que le nombre de votants et le degré de controverse de la question sont élevés. Une preuve mathématique ne peut s'appliquer que sur des énoncés désespérément précis et universels. Il faut donc mettre au point une définition qui exprime que le secret du vote d'Alice est absolument protégé… sauf dans certains cas, où la perte du secret du vote est jugée acceptable. C'est bien ce « sauf dans certains cas » qui est source de difficultés. Nous ne rentrerons pas ici dans le détail des définitions proposées à l'heure actuelle, mais nous pouvons vous assurer qu'elles ont déjà provoqué de nombreux maux de tête à leurs auteurs et que la question de trouver la « bonne » définition du secret du vote n'est toujours pas tranchée à l'heure actuelle (Delaune *et al.*, 2009 ; Bernhard *et al.*, 2015 ; Cortier *et al.*, 2020).

Des liens inattendus entre secret et vérifiabilité

Définir précisément les propriétés attendues d'un système de vote permet de mieux comprendre les objectifs de sécurité et de les comparer. Intuitivement, le secret du vote et la vérifiabilité sont deux propriétés antagonistes : je veux pouvoir cacher mon vote tout en vérifiant qu'il est bien compté. En 2010, un groupe de chercheurs a démontré un résultat d'impossibilité (Chevallier-Mames *et al.*, 2010) : les propriétés de vérifiabilité universelle et de secret du vote *inconditionnel* sont incompatibles, c'est-à-dire qu'il est impossible de concevoir un système de vote qui satisfasse ces deux propriétés. De façon surprenante, ce résultat théorique a été utilisé dans un contexte parlementaire. Un des intervenants entendus dans le cadre de la mission d'information de la commission des lois du Sénat consacrée au vote électronique, le 25 janvier 2018, a interprété ce résultat : « Il n'y a ainsi pas d'échappatoire : un vote dématérialisé anonyme ne peut être garanti vérifiable et, inversement, un vote dématérialisé vérifiable ne peut être garanti anonyme. Pour parler plus concrètement, personne ne peut vérifier ce qui a été voté informatiquement, et inversement, si un vote dématérialisé est vérifiable, c'est qu'il n'est pas anonyme. »

Cette conclusion semble un peu hâtive. Que penser de Belenios, de Civitas ou du système suisse, décrits aux chapitres précédents, qui assurent secret du vote et vérifiabilité ? Regardons de plus près le résultat d'impossibilité. Les auteurs parlent de secret du vote inconditionnel. Qu'est-ce que cela veut dire ? Il s'agit d'un secret du vote « sans condition », c'est-à-dire vis-à-vis d'un attaquant qui peut, par exemple, tester toutes les clés de déchiffrement. L'intuition du résultat est que, si on voulait le secret du vote pour toujours, y compris lorsque les capacités de calcul auront considérablement augmenté, alors la vérifiabilité universelle ne peut pas être garantie, du moins telle qu'elle est définie dans ce résultat. Car les auteurs font une deuxième hypothèse : la vérifiabilité universelle permet non seulement de s'assurer que le résultat de l'élection correspond aux bulletins dans l'urne mais également de connaître la liste d'émargement. Cette deuxième propriété est certes souhaitable pour une parfaite transparence mais serait pourtant incompatible avec les recommandations de la CNIL : savoir qui a voté n'est pas une information publique librement accessible. Appuyer le débat parlementaire sur des résultats scientifiques est un effort tout à fait louable, mais cet exemple montre que ces résultats doivent être interprétés avec précaution. De la même manière qu'une phrase sortie de son contexte peut être dénaturée, un théorème sans ses définitions perd son sens. Attention donc à bien lire les petites lignes !

Alors que ce premier résultat théorise le caractère antagoniste du secret du vote et de la vérifiabilité, d'autres chercheurs (dont l'un des auteurs de ce livre) ont montré qu'un minimum de vérifiabilité individuelle était nécessaire pour garantir le secret du vote (Cortier et Lallemand, 2018). En effet, si les électeurs n'ont aucune assurance que leur bulletin est bien compté, l'attaquant peut intercepter tous ceux de son choix. Il peut donc choisir de bloquer tous les bulletins, sauf celui d'Alice. Au moment du dépouillement, on saura pour qui Alice a voté. De façon un peu plus réaliste, le serveur de vote peut casser le secret du vote comme suit : il peut détruire tous les bulletins, sauf celui d'Alice, et les remplacer par d'autres bulletins de son choix, pour rendre l'attaque plus discrète. Le résultat de l'élection sera le vote d'Alice additionné aux votes choisis par le serveur de vote. Il est alors facile de déduire le vote d'Alice, par soustraction. En d'autres termes, sans vérifiabilité, le prestataire d'une élection a les moyens techniques de connaître le vote d'un électeur précis. Bien sûr, cette attaque reste peu réaliste puisqu'elle suppose que le prestataire est prêt à manipuler entièrement le résultat de l'élection pour simplement apprendre un vote. De tels résultats permettent cependant de révéler des dépendances subtiles entre les propriétés escomptées et de mieux comprendre les hypothèses, souvent implicites, sur ce qu'un attaquant peut « raisonnablement » faire.

Les preuves symboliques

Une fois la sécurité d'un système de vote exprimée comme un problème mathématique, comment prouver l'absence d'attaques ? Et que sont ces preuves, dites symboliques, demandées par la Chancellerie suisse ? Les modèles dits symboliques analysent la structure logique des protocoles, oubliant les détails techniques de la cryptographie. Supposons ainsi que la cryptographie fonctionne comme attendu et qu'un attaquant ne puisse pas déchiffrer un message, s'il ne connaît pas la clé de déchiffrement associée. Supposons également qu'un attaquant ne puisse pas non plus produire de signature valide sans connaître la clé secrète, et ainsi de suite. Est-il possible qu'il puisse modifier un vote sans être détecté ? On considère alors un attaquant le plus puissant possible, qui intercepte possiblement tous les messages et en injecte d'autres. L'intérêt de cette approche est que le problème de la sécurité d'un protocole peut se traduire en un ensemble de formules logiques, écrites dans des formalismes étudiés depuis plus d'un siècle.

Au début du xxe siècle, des mathématiciens comme Hilbert, Gödel et Russel ont cherché à décrire le raisonnement mathématique de façon purement logique, dans l'objectif de faire la chasse aux raisonnements erronés et de comprendre les fondements des mathématiques. L'idée était d'écrire précisément, sous forme d'axiomes, les bases mathématiques (comme la définition d'un point et d'une droite) et de montrer que tous les énoncés mathématiques (les théorèmes) en découlent. Une crainte était d'écrire un ensemble d'axiomes contradictoires, ce qui aurait mis à mal toute la suite des théorèmes. De ces travaux sont nés de nombreux principes utilisés aujourd'hui en informatique, comme la théorie de la preuve ou la logique. Ainsi, la description d'un protocole et des comportements de l'attaquant peut être traduite en formules logiques. Par exemple, la formule

$$\forall x \forall y \, A(x), A(y) \Rightarrow A(enc(x,y))$$

exprime que pour toute valeur *x*, pour toute valeur *y*, si l'attaquant connaît *x* (*A(x)* est vrai), et si l'attaquant connaît *y (A(y)* est vrai), alors l'attaquant peut construire le chiffrement de *x* en utilisant *y* comme clé, c'est-à-dire qu'il peut construire le message *enc*(*x*,*y*) et donc *A*(*enc*(*x*,*y*)) est vrai. La sécurité du protocole s'exprime alors comme le fait que l'ensemble de formules permette ou non de déduire un élément précis. Par exemple, si l'ensemble de formules permet de déduire que *A*(*s*) est vrai, alors l'attaquant connaît le secret *s*. On peut, bien sûr, raisonner « à la main » pour montrer que l'ensemble de formules n'est pas suffisant pour déduire que *A*(*s*) est vrai et démontrer que le protocole préserve le secret *s*. Mais on peut faire mieux, en déléguant cette tâche à un ordinateur. C'est ainsi que fonctionne le logiciel ProVerif (Blanchet, 2013) qui a été utilisé pour analyser des centaines de protocoles dont TLS (au cœur d'Internet), Signal (pour de la messagerie sécurisée) et, bien sûr, Belenios. Ce logiciel prend en entrée la description d'un protocole, sous une forme plus lisible par les humains, proche de la spécification. Il traduit ensuite automatiquement cette description en un ensemble de formules logiques puis cherche à déduire de nouvelles formules, conséquences logiques des premières, jusqu'à conclure, par exemple, que « *A*(*s*) est vrai » est une conséquence logique des formules de départ. Le défi est alors de considérer suffisamment de formules logiques qui se déduisent des formules initiales, sans cependant noyer l'ordinateur sous les calculs, et évidemment sans introduire de formules fausses. Tous les modèles symboliques ne reposent pas exactement sur des formules de logique, mais la plupart d'entre eux permettent à nouveau de raisonner automatiquement. On peut ainsi concevoir des algorithmes, comme celui qui est au cœur de ProVerif, qui analysent les protocoles, détectant de nouvelles failles ou, au contraire, démontrant qu'il n'y a aucune attaque possible en restant dans le modèle symbolique. Au-delà de la fierté d'obtenir une preuve mathématique de sécurité, un apport important de cette approche est qu'elle oblige à définir précisément le comportement du système, y compris dans les cas d'erreur : que se passe-t-il si un électeur interrompt son vote ? S'il oublie son mot de passe ? Il faut également expliciter les hypothèses de confiance. Cet exercice révèle souvent des surprises. Par exemple, le serveur n'est pas réputé honnête, mais on suppose tout de même que les électeurs ont tous accès à la même urne publique, ou encore qu'ils reçoivent tous le bon matériel électoral sans corruption possible des moyens postaux. C'est très souvent lors de l'étape de la modélisation du système de vote ou des propriétés de sécurité que des attaques sont découvertes.

Les preuves cryptographiques

Les modèles symboliques que nous venons de décrire étudient les constructions cryptographiques d'une manière assez grossière : un message chiffré ne peut être ouvert que si on a la clé associée, sinon il est inviolable. Pourtant, les mécanismes cryptographiques utilisés dans les systèmes de vote sont assez subtils. Plusieurs systèmes, comme Belenios, utilisent du chiffrement homomorphe : sans ouvrir les messages chiffrés, on peut les combiner de manière à obtenir le chiffrement de la somme des messages. Serait-il possible de mener une attaque en combinant des messages chiffrés d'une manière particulière ? Les modèles dits « cryptographiques » permettent d'étudier le protocole de vote en restant au plus près des constructions cryptographiques. Pour représenter un attaquant arbitraire, qui essaie tous les comportements possibles, même ceux auxquels on n'a pas pensé, on considère qu'un attaquant peut être un algorithme quelconque, à condition qu'il s'exécute de façon « efficace », éliminant, par exemple, un attaquant qui commencerait par énumérer toutes les clés possibles. On effectue alors une preuve dite *par réduction* en montrant que, si un attaquant pouvait mettre à mal le protocole de vote étudié, il serait nécessairement capable d'un calcul considéré comme impossible, telle la factorisation de grands entiers. Comme, à l'heure actuelle, on ne connaît aucun algorithme efficace pour la factorisation d'entiers, on en déduit, par contradiction, qu'il n'y a aucune attaque efficace contre le système de vote. On relie ainsi la sécurité d'un système de vote à des problèmes réputés difficiles tels la factorisation ou le logarithme discret, évoqués plus tôt dans cet ouvrage.

Cette approche permet d'exprimer des propriétés plus précises et d'obtenir des garanties plus fortes puisqu'on considère également des attaques exploitant des failles de la cryptographie. Malheureusement, les raisonnements effectués sont beaucoup plus difficiles à automatiser, on peut rarement les déléguer à un ordinateur. Les preuves de sécurité sont réalisées « à la main », comme l'essentiel des démonstrations en mathématiques. Comme l'être humain, même mathématicien, éprouve des difficultés à relire des preuves longues, qui explorent de nombreux cas, les modèles cryptographiques étudient souvent un système de vote simplifié par rapport aux modèles symboliques, sans considérer certaines étapes de mise en place de l'élection, ou de récupération de mots de passe. C'est probablement pour cette raison que la Chancellerie suisse souhaite une double protection, avec des preuves de sécurité effectuées à la fois dans les modèles symboliques et cryptographiques.

La prime au bug

Bien sûr, les preuves de sécurité obtenues ne sont pas absolues. Il s'agit d'énoncés mathématiques qui assurent qu'il n'y a pas d'attaques, mais seulement dans un certain *modèle* et donc pour une certaine famille d'attaquants. Il est tout à fait possible que certaines attaques ne soient pas détectées car en dehors du modèle. Les preuves de sécurité représentent donc avant tout un niveau (élevé) d'assurance sur la sécurité du système. D'autre part, même une fois qu'on a de bonnes garanties que le système de vote conçu est sûr, il reste à l'implémenter, c'est-à-dire à programmer l'ensemble de ses composants : le logiciel permettant à l'électeur de voter, les différents programmes permettant au serveur de vote de fonctionner, etc. Et, bien sûr, chacune de ces transcriptions de la spécification en code informatique est susceptible d'introduire des bugs et donc des attaques. L'analyse du code et non de la spécification est à la limite de ce qu'on sait faire à la pointe de la recherche académique. Dans tous les cas, il faudra compter sur un temps de développement très long (de l'ordre de plusieurs années) souvent incompatible avec les contraintes industrielles, d'autant que les systèmes de vote sont en constante évolution.

Une approche plus pragmatique pour éprouver la sécurité d'un système informatique est de demander au monde entier d'attaquer le système. Cela peut sembler contre-intuitif et c'est souvent très loin des pratiques des industriels français. Pourtant, il s'agit d'un phénomène très classique en sécurité, appelé *bug bounty*, c'est-à-dire, littéralement, la « prime au bug ». Ainsi de grandes entreprises comme Apple, Google ou Mozilla ont chacune leur programme de prime au bug. L'idée est de rémunérer les attaques trouvées en fonction de leur gravité. Cela permet de rendre légale et de valoriser la recherche d'attaques, plutôt que de laisser cette tâche à des personnes qui souhaitent exploiter les failles à des fins illicites. La Suisse, décidément en avance sur la promotion des bonnes pratiques dans le monde du vote électronique, met en place un programme de *bug bounty* avant le déploiement de tout nouveau système de vote. Chaque personne intéressée a ainsi accès au code source du système et à sa spécification, et peut tenter d'attaquer le système mis en place pour l'occasion. Le montant des primes va d'environ 1 000 à 230 000 euros suivant le problème décelé. En 2019, grâce à plusieurs chercheurs du monde académique (Haines *et al.*, 2020), ce programme a permis de mettre au jour une faille importante sur le système qui devait être utilisé quelques mois plus tard : les opérateurs du système de vote, ou une personne qui serait parvenue à s'introduire dans leur système informatique, étaient en mesure de modifier le résultat de l'élection, de façon indétectable. Mieux valait déceler cette faille avant la mise en place de l'élection ! Bien sûr, le déploiement du système de vote a été reporté à la suite de cette découverte.

Pour quelques millions de roubles

Une histoire similaire est arrivée en Russie. En septembre 2019 avaient lieu les élections législatives moscovites, afin de renouveler les membres de la Douma de Moscou. Il était possible de voter par Internet, avec un système de vote dont la caractéristique mise en avant était l'utilisation d'une blockchain, principe que nous avons évoqué lors du chapitre précédent. Un programme de prime au bug avait été mis en place, avec jusqu'à deux millions de roubles de récompense pour qui réussirait à trouver la clé permettant de déchiffrer les bulletins de vote. Dans ce cas, l'accès au code source du système n'était que très partiel et, surtout, sans aucune documentation. L'un d'entre nous a cependant montré qu'il était facile de « casser » la clé de déchiffrement utilisée. Les auteurs du système avaient probablement trop misé sur la blockchain et pas assez sur la cryptographie. Le principe général de l'attaque était tellement simple que nous ne résistons pas au plaisir de le décrire ici.

Comme nous l'avons vu lors de la description des primitives cryptographiques, la sécurité d'une clé de déchiffrement repose beaucoup sur sa taille. Plus elle est grande, plus il est difficile de tester toutes les clés possibles jusqu'à la trouver. La taille minimale recommandée à l'heure actuelle, pour ce type de primitives s'appuyant sur le logarithme discret, est de 2 048 bits. Malheureusement, la présence de la blockchain a compliqué la tâche des développeurs : un chiffrement avec une clé d'une telle longueur ne tenait pas dans un « bloc » de la chaîne. Qu'à cela ne tienne ! Les concepteurs ont décidé d'utiliser trois clés de 256 bits, pensant ainsi atteindre la sécurité d'une clé de 3 × 256 = 768 bits, ce qui est déjà léger. Mais il y a là une erreur bien plus grave. Supposons que vous souhaitiez protéger votre coffre-fort avec un cadenas à six chiffres. Il y a un million de combinaisons possibles, ce qui vous semble amplement suffisant. Pas de chance, en vous rendant dans votre magasin de bricolage préféré, vous ne trouvez aucun cadenas à 6 chiffres. Vous êtes alors tenté d'acheter 3 cadenas à 2 chiffres pour fermer votre coffre avec chacun des 3 cadenas. Combien de combinaisons un voleur doit-il alors essayer ? 1 000 000 ? Hélas non ! En moins de 100 essais, il pourra ouvrir le premier cadenas. Puis le deuxième également en moins de 100 essais. Au total, un voleur pourra ouvrir votre coffre-fort en moins de 300 essais, bien moins que le million d'essais initialement souhaités. C'est la même erreur qui a été commise à Moscou, sur des clés un peu plus grandes mais tout de même faciles à « casser ». En une vingtaine de minutes sur un ordinateur portable, chacune des trois clés secrètes de 256 bits a été découverte. Il était ainsi possible de suivre les résultats partiels de l'élection en temps réel, en déchiffrant chaque bulletin. Cela permettait aussi, potentiellement, de casser le secret du vote mais il ne s'agissait pas (curieusement) d'un des objectifs de sécurité mis en avant dans ce contexte. Heureusement, comme cette attaque a été découverte dans le cadre du programme de la prime au bug mis en place par les autorités moscovites, le système de chiffrement a pu être modifié *avant* le début de l'élection réelle.

Les approches pour éprouver la sécurité des systèmes de vote sont donc multiples, du pragmatisme de la rémunération des bugs à la mise au point de preuves de sécurité les plus rigoureuses possible, mais dans un cadre précis. Chacune de ces techniques permet de renforcer la solidité du système étudié. Elles reposent toutes sur la transparence du système de vote : pour analyser la sécurité d'un système, il faut savoir comment il fonctionne. L'étude de la sécurité du vote électronique pose encore de nombreux défis aux experts et aux chercheurs. Comme nous l'avons signalé, définir une propriété aussi essentielle que le secret du vote n'a pas encore obtenu de consensus académique. La formalisation d'autres propriétés plus délicates comme la résistance à l'achat de vote ou la « redevabilité » (*accountability*) est encore plus balbutiante. D'autre part, l'analyse de systèmes complexes, tels que ceux rencontrés dans le contexte du vote, reste un défi pour des outils d'analyse de protocoles, même les plus avancés comme ProVerif. Affiner les modèles et modifier les techniques d'analyse présente un domaine de recherche très actif à l'heure actuelle. Il est probable que des progrès seront réalisés menant à des preuves de sécurité prenant en compte les systèmes de vote de manière plus fine. Dans quelques années ou quelques décennies, peut-être pourrons-nous enfin utiliser des logiciels de vote entièrement analysés, de leur spécification jusqu'au moindre détail de leur code informatique.

CHAPITRE 13

Les différentes règles électorales

Comment décide-t-on qui gagne une élection ? La réponse vient naturellement : la personne candidate qui a obtenu le plus de voix est élue. Cette réponse est globalement satisfaisante s'il n'y a que deux candidats et si les électeurs doivent choisir exactement un de ces deux noms. Mais, même dans ce cas très simple de deux candidats, on pourrait demander aux électeurs à quel point ils préfèrent un candidat par rapport à l'autre. Et alors, il faudrait décider comment on choisit le vainqueur à partir des réponses.

Dès qu'il y a plus que deux candidats, les choses se compliquent. Et s'il y a plusieurs sièges à pourvoir, bien malin qui peut affirmer qu'une solution est universellement la meilleure pour représenter au mieux la volonté de l'électorat.

Ces considérations sont assez indépendantes du sujet du vote électronique. Toutefois, les choix de règles électorales sont bien souvent influencés sinon dictés par les contraintes du vote papier dans des bureaux de vote. Le passage au vote électronique peut être l'occasion de s'interroger et de remettre en question des choix traditionnels qui n'ont plus forcément lieu d'être.

Dans ce chapitre, nous nous contenterons d'un tour d'horizon non exhaustif afin d'illustrer la grande variété des possibilités. L'étude de l'intérêt comparé de ces différents systèmes ne sera qu'effleurée. Il s'agit d'un sujet de recherches à part entière, pour lequel nous ne nous estimons pas les plus compétents.

Classer les candidats

Partons du mode de scrutin classique en France, à savoir le scrutin uninominal majoritaire à deux tours, utilisé pour l'élection présidentielle, considérée par bien des citoyens comme le principal rendez-vous démocratique tous les cinq ans. Inutile d'en rappeler le fonctionnement, ni l'effet si souvent critiqué d'incitation au « vote utile ». Ce n'est pas un problème uniquement français. Le système des grands électeurs aux États-Unis, avec dans l'immense majorité des États une règle où le gagnant remporte tout, a créé une forte bipolarisation de l'élection présidentielle, où on ne parle presque plus des petits partis.

Une des clés pour limiter le fait qu'un électeur puisse avoir intérêt à ne pas voter pour le candidat qui a sa préférence est d'enrichir l'expression du vote. Une possibilité est de demander aux électeurs de classer les candidats dans l'ordre correspondant à leur préférence. Il existe ensuite de multiples méthodes pour choisir le candidat élu à partir de la liste de ces classements individuels. La méthode conceptuellement la plus simple est le « vote à second tour instantané » (*instant-runoff voting, IRV* en anglais), qui permet de simuler un scrutin avec autant de tours que nécessaire, sans pour autant faire revenir les électeurs entre chaque tour. Quand il n'y a que deux candidats, on regarde lequel arrive le plus souvent en première position, et c'est celui qui est élu. S'il y a trois candidats, on imagine un premier tour où les électeurs ont tous voté pour leur premier choix (la première ligne des bulletins). On compte les voix pour chacun, et on élimine le candidat qui en a obtenu le moins. Les bulletins des électeurs sont alors modifiés : on enlève le candidat éliminé, et on remonte d'un cran tous ceux qui étaient classés derrière. On se retrouve alors avec seulement deux candidats, un cas pour lequel on sait déjà comment déterminer le gagnant. Si on a dix candidats, le dépouillement va s'effectuer en neuf tours, avec à chaque fois l'élimination du candidat le moins populaire. Évidemment, dès qu'on constate qu'un candidat a plus de la moitié des voix, on peut le déclarer gagnant, car les tours suivants ne permettront plus aux autres de le dépasser. Ce système est utilisé pour certaines élections, en Australie et en Irlande. Une variante, appelée méthode de Coombs, consiste à éliminer le candidat qui est le plus souvent placé en dernier plutôt que celui qui est le moins souvent placé en premier dans le vote à second tour instantané. On voit ainsi combien le champ des possibilités est vaste, quand il s'agit de déterminer le vainqueur.

Le système de Condorcet va plus loin et s'affranchit de cette idée de simuler des tours. Son concepteur, Nicolas de Condorcet, mathématicien au siècle des Lumières, est l'un des premiers à avoir analysé les différents modes de scrutin, mettant en évidence des biais possibles. Dans un contexte où les électeurs expriment leur préférence par un classement, la méthode de Condorcet consiste à chercher quel candidat remporterait un duel contre n'importe quel autre, c'est-à-dire que, face à tout autre candidat, il est toujours placé devant par une majorité d'électeurs (pas nécessairement les mêmes électeurs pour tous les duels). L'idée est séduisante, mais malheureusement un tel gagnant n'existe pas forcément. Même si cela va légèrement à l'encontre de l'intuition, il est tout à fait possible d'aboutir à une situation circulaire où un candidat A gagne son duel contre un candidat B, qui gagne lui-même contre un candidat C, qui lui-même gagne contre A. La notion de duel ne permet donc pas d'établir un classement (en langage mathématique, on dirait que ça n'est pas une notion transitive, et donc pas une relation d'ordre). Si une telle situation circulaire se produit, on doit trouver une méthode plus subtile pour désigner l'élu. Il en existe de nombreuses variantes et nous n'allons pas les détailler. La méthode de Condorcet est peu utilisée dans le milieu politique, mais elle est assez populaire dans certains contextes associatifs, comme pour l'élection du chef de projet de la célèbre distribution Debian du système d'exploitation Linux.

Bien que plus précis que l'uninominal à deux tours, ces systèmes ne sont pas parfaits. Ainsi, avec la méthode de Condorcet, un électeur peut faire perdre son candidat favori simplement parce qu'il a ajouté un autre nom en deuxième choix. Le vote à second tour instantané a aussi des défauts : un gagnant, au sens de Condorcet, ne sera pas nécessairement élu. Kenneth Arrow a démontré, en 1951, un célèbre théorème déduisant qu'aucun mode de scrutin ne permet d'élire quelqu'un de façon parfaite à partir de votes exprimés sous forme de classement de candidats. Bien sûr, l'énoncé est plus compliqué, car il faut définir la notion de perfection. Il s'agit, en fait, d'une liste de propriétés relativement simples, qui, chacune prise séparément, semble très raisonnable. Malheureusement, il n'est pas possible de les satisfaire toutes simultanément. Pour tout système de vote, il va exister des situations où on se dit que le résultat n'est pas « naturel » par rapport à ce qu'ont exprimé les électeurs, ou bien que ceux-ci ont intérêt à ne pas voter selon leurs convictions, même si, en général, ce n'est pas aussi flagrant que dans le « vote utile » aux présidentielles.

Noter les candidats

Voyons ce qui se passe si on demande encore plus d'informations aux électeurs. Un classement ne permet pas d'exprimer si la différence entre notre premier choix et notre deuxième choix est forte ou s'il s'agit d'une légère préférence. On peut donc demander aux électeurs de mettre une note à chaque candidat.

Sort: Criterion / Method	Maj-ority	Maj. loser	Mutual maj.	Cond-orcet	Cond. loser	Smith/ ISDA	LIIA	IIA	Clone-proof	Mono-tone	Consis-tency	Partic-ipation	Reversal symmetry	Polytime/ resolvable		Summ-able	Later-no-		No favorite betrayal	Ballot type	Ranks	
																	Harm	Help			=	>2
Approval	Rated [a]	No	No	No[b][c]	No	No[b]	Yes	Yes [d]	Yes[e]	Yes	Yes	Yes	Yes	O(N)	Yes	O(N)	No	Yes[f]	Yes	Approvals	Yes	No
Borda count	No	Yes	No	No[b]	Yes	No	No	No	Teams	Yes	Yes	Yes	Yes	O(N)	Yes	O(N)	No	Yes	No	Ranking	No	Yes
Bucklin	Yes	Yes	Yes	No	No	No	No	No	No	Yes	No	No	No	O(N)	Yes	O(N)	No	Yes	If equal preferences	Ranking	Yes	Yes
Copeland	Yes	Yes	Yes	Yes	Yes	Yes	No	No [c]	Teams, crowds	Yes	No[b]	No[b]	Yes	O(N²)	No	O(N²)	No[b]	No	No[b]	Ranking	Yes	Yes
IRV (AV)	Yes	Yes	Yes	No[b]	Yes	No[b]	No	No	Yes	No	No	No	No	O(N²)	Yes[i]	O(N!)[j]	Yes	Yes	No	Ranking	No	Yes
Kemeny-Young	Yes	Yes	Yes	Yes	Yes	Yes	Yes	No [b]	Spoilers	Yes	No[b] [l]	No[b]	Yes	O(N!)	Yes	O(N²)[j]	No[b]	No	No[b]	Ranking	Yes	Yes
Highest median/Majority judgment[k]	Rated[l]	Yes [m]	No[n]	No[b][c]	No	No[b]	Yes	Yes [d]	Yes	Yes	No[o]	No[p]	Depends[q]	O(N)	Yes	O(N)[r]	No[s]	Yes	Yes	Scores[t]	Yes	Yes
Minimax	Yes	No	No	Yes[u]	No	No	No	No [b]	Spoilers	Yes	No[b]	No[b]	No	O(N²)	Yes	O(N²)	No [b][u]	No	No[b]	Ranking	Yes	Yes
Plurality/FPTP	Yes	No	No	No[b]	No	No[b]	No	No	Spoilers	Yes	Yes	Yes	No	O(N)	Yes	O(N)	N/A[v]	N/A [v]	No	Single mark	N/A	No
Score voting	No	No	No	No[b][c]	No	No[b]	Yes	Yes [d]	Yes	Yes	Yes	Yes	Yes	O(N)	Yes	O(N)	No	Yes	Yes	Scores	Yes	Yes
Ranked pairs	Yes	Yes	Yes	Yes	Yes	Yes	Yes	No [b]	Yes	Yes	No[b]	No[a][b]	Yes	O(N³)	Yes	O(N²)	No[b]	No	No[b][b]	Ranking	Yes	Yes
Runoff voting	Yes	Yes	No	No[b]	Yes	No[b]	No	No	Spoilers	No	No	No	No	O(N) [w]	Yes	O(N)[w]	Yes	Yes [x]	No	Single mark	N/A	No [y]
Schulze	Yes	Yes	Yes	Yes	Yes	Yes	No	No [b]	Yes	Yes	No[b]	No[a][b]	Yes	O(N³)	Yes	O(N²)	No[b]	No	No[b][b]	Ranking	Yes	Yes
STAR voting	No[z]	Yes	No[aa]	No[b][c]	Yes	No[b]	No	No	No	Yes	No	No	Depends [ab]	O(N)	Yes	O(N²)	No	No	No[ac]	Scores	Yes	Yes
Sortition, arbitrary winner[ad]	No	No	No	No[b]	No	No[b]	Yes	Yes	No	Yes	Yes	Yes	Yes	O(1)	No	O(1)	Yes	Yes	Yes	None	N/A	N/A
Random ballot[ae]	No	No	No	No[b]	No	No[b]	Yes	Yes	Yes	Yes	Yes	Yes	Yes	O(N)	No	O(N)	Yes	Yes	Yes	Single mark	N/A	No

Figure 20. Capture d'écran d'un tableau de la page (anglaise) Wikipedia sur la comparaison des systèmes électoraux[1]. Chaque colonne représente une propriété souhaitable, chaque ligne concerne un système électoral. L'objectif ici est d'illustrer la complexité de la situation ; inutile d'aller chercher une loupe pour lire le contenu des cases.

1. L'adresse de la page en question est https://en.wikipedia.org/wiki/Comparison_of_electoral_systems.

C'est ce principe qui est retenu dans la méthode appelée « jugement majoritaire », qui a gagné en popularité ces dernières années en France, notamment dans le contexte de la démocratie participative. Les électeurs doivent donner une note à chaque candidat, exprimée sous forme d'une mention à choisir parmi une demi-douzaine de possibilités (allant de « très bien » à « à rejeter », par exemple). Le calcul du vainqueur procède comme suit. Pour chaque candidat, on regarde l'ensemble des mentions obtenues dans les bulletins et on les regroupe. On cherche alors la mention médiane, c'est-à-dire la mention pour laquelle le candidat a reçu autant de bulletins avec des mentions moins bonnes que de bulletins avec des mentions meilleures. Celui qui a la meilleure médiane gagne l'élection. Il y a, bien sûr, des raffinements à effectuer dans le cas où plusieurs candidats arrivent en tête avec ce premier critère.

On peut également voir le système d'arbitrage en patinage artistique comme un algorithme de vote s'appuyant sur des électeurs qui mettent une note à chaque candidat. Celui-ci a été modifié, au début des années 2000, pour mieux codifier le lien entre les notes et la performance. Un autre exemple populaire est le concours Eurovision de la chanson, où les juges et le public votent pour les candidats. Le système a évolué au cours des décennies. Actuellement, il ressemble plutôt à un système par classement, où les candidats reçoivent un certain nombre de points, mais dans les années 1960 il y a eu une période où chaque juge avait à sa disposition neuf points qu'il pouvait répartir sur un, deux ou trois candidats. On avait donc l'idée qu'il fallait pouvoir distinguer une situation où un candidat était considéré comme bien meilleur que les autres, d'une situation où le juge avait un avis un peu moins tranché. Notons qu'aussi bien en patinage artistique qu'à l'Eurovision on est dans un contexte où il n'y a pas de secret du vote.

Même en autorisant les électeurs à mettre des notes plutôt que de procéder à un classement, il n'y a pas de système parfait. De nouveau, il s'agit d'un sujet riche et complexe, où on peut facilement être piégé par sa propre sensibilité politique : vaut-il mieux que le système favorise un candidat consensuel ou un candidat un peu clivant mais qui pourra faire de grandes réformes ? Le choix du « bon » système de vote suscite parfois des débats passionnés et la discussion aboutit souvent à la situation comique où il faudrait commencer par voter sur le système de vote, mais il faudrait alors d'abord voter sur le système à utiliser pour ce vote préliminaire, et ainsi de suite.

Pourvoir plusieurs sièges

Lorsque plusieurs sièges sont à pourvoir, les possibilités sont encore plus vastes. S'agit-il d'un scrutin par listes, où les électeurs votent pour des partis, ou bien pour des candidatures individuelles ? Leur demande-t-on de donner uniquement leur candidat favori, ou un classement, ou encore une note ? Ensuite, on pourrait décider de qui obtient le premier siège en appliquant une des méthodes déjà citées. Mais comment poursuit-on l'affectation des sièges ? L'exemple de l'Assemblée nationale française, avec le débat récurrent sur le choix d'un scrutin proportionnel ou majoritaire, illustre parfaitement l'absence de consensus sur le sujet.

Ces deux systèmes sont, en fait, loin d'être les seuls. Parlons tout d'abord du système de D'Hondt, utilisé, entre autres, en Belgique, nation de son inventeur. Chaque électeur indique la liste qu'il préfère, et, lors du dépouillement, on compte le nombre de voix de chaque liste. Ensuite, on forme un tableau comme suit. La première ligne contient exactement le nombre de voix obtenues par liste. La deuxième ligne est formée de ce nombre de voix divisé par deux. La troisième ligne est obtenue avec le nombre de voix divisé par trois, et ainsi de suite. S'il y a dix sièges à pourvoir, alors on va sélectionner les dix valeurs dans ce tableau qui sont les plus grandes, et les listes obtiennent autant de sièges qu'il y a de cases sélectionnées dans leur colonne. Un exemple est donné en figure 21. En fait, il est possible d'adapter le système en changeant les coefficients par lesquels on divise. Par exemple, au lieu de diviser par 1, 2, 3… on peut choisir uniquement les nombres impairs 1, 3, 5… En Belgique, ces deux jeux de coefficients sont utilisés suivant le type d'élections considéré. Le choix de ces coefficients permet de plus ou moins favoriser la représentation de listes minoritaires. Un exemple extrême est le cas de Macao où les coefficients sont les puissances de deux : 1, 2, 4, 8, 16, 32… Avec un tel biais, il est presque impossible pour une liste d'obtenir de nombreux sièges.

	A	B	C	D
nb voix	**723**	**231**	**412**	75
(nb voix)/2	**361.5**	115.5	206	37.5
(nb voix)/3	**241**	77	137.3	25
(nb voix)/4	180.7	57.7	103	18.7
(nb voix)/5	144.6	46.2	82.4	15

Figure 21. Exemple de scrutin par la méthode de D'Hondt. On se place dans une situation où il y a cinq sièges à pourvoir et où quatre listes A, B, C, D sont candidates. La première ligne indique le nombre de voix obtenues par chaque liste. La deuxième ligne est obtenue en divisant par 2 les voix, etc. On sélectionne les cinq valeurs les plus grandes du tableau, et donc A obtient trois sièges, et B et C chacune un siège.

Un autre système, très utilisé en Australie, est appelé scrutin à vote unique transférable (*single transferable vote, STV* en anglais). Ici, on demande aux électeurs de classer les candidats. Lors du dépouillement, on applique un algorithme assez complexe pour l'attribution des sièges. On commence par calculer un *quota* qui est le quotient entre le nombre d'électeurs et le nombre de sièges disponibles (on oublie volontairement les questions d'arrondis dans cette explication). Si un des candidats arrive en tête dans un nombre de bulletins supérieur à ce quota, alors il obtient un siège. Sinon, on élimine le candidat qui arrive le moins souvent en tête : on l'efface de tous les bulletins, et on remonte d'un cran ceux qui étaient derrière. Jusqu'ici, on n'est pas très loin de la méthode à second tour instantané qu'on a décrite plus haut. La difficulté apparaît lorsqu'on doit continuer après qu'un candidat a atteint le quota et a obtenu un siège. On doit l'effacer des bulletins. Mais que fait-on des bulletins où ce candidat était en tête ? Doit-on les supprimer car ils ont « servi », ou bien les conserver, car les choix suivants sont encore pertinents ? L'idée est de considérer que, si le candidat a juste atteint le quota, alors les bulletins qui l'avaient mis en tête ne comptent plus pour la suite : ils ont été utilisés. Mais s'il y a de la marge, alors cette marge doit servir pour la suite de l'affectation des sièges. On va donc calculer un coefficient de transfert traduisant cette marge avec laquelle le candidat a obtenu son siège, puis l'appliquer à tous les bulletins où il était en tête. Ainsi, tous les bulletins commencent le dépouillement dans un état « neuf » et, au fur et à mesure qu'ils contribuent à faire élire des candidats, ils « s'usent » et ne participent que partiellement au calcul du nombre de voix obtenues par un candidat pour l'affectation des sièges suivants.

Un lecteur qui aura immédiatement compris le fonctionnement de cette méthode grâce à cette brève description sera accueilli à bras ouverts dans les équipes d'assesseurs en Australie ! En fait, cette méthode est si complexe qu'il est illusoire de la mettre en pratique à la main avec des milliers, voire des millions de bulletins papier. Des astuces pratiques ont été conçues pour rendre le dépouillement possible, au prix d'approximations ou d'introduction de tirages aléatoires. Bien sûr, c'est un contexte où le traitement du dépouillement par ordinateur présente un attrait évident, ne serait-ce que pour éviter les erreurs humaines. Il n'y a alors qu'un pas supplémentaire à franchir pour être tenté par le vote électronique. Il n'est donc pas étonnant que l'Australie, qui, de plus, compte des électeurs éparpillés sur d'immenses superficies, soit un des pays précurseurs du vote par Internet.

Autres systèmes, autres variantes

Un aspect qui n'a pas encore été discuté est la variété de moyens, pour un électeur, de ne pas s'exprimer. L'abstention est l'un de ces moyens de non-expression. Il est aussi souvent possible de voter blanc. Mais d'autres variantes ont été proposées, pour offrir à l'électeur un moyen de donner un sens au fait qu'il ne souhaite pas participer. Ainsi, une autre forme de non-expression consiste à choisir de ne pas prendre part au vote, ce qui est, en général, résumé par l'acronyme NPPV (« ne prend pas part au vote »). Il y a parfois de subtiles notions de quorum dans certains règlements, qui font qu'en choisissant l'une ou l'autre des possibilités l'impact sur l'issue du scrutin n'est pas le même. Tout cela peut naturellement être pris en compte assez facilement dans un contexte de vote électronique, mais il faut que les choses soient bien claires à l'avance : par exemple, dans un contexte où l'électeur fournit un classement des candidats, est-ce que ne classer aucun candidat est équivalent à un vote blanc ou bien sont-ce deux notions distinctes ? En général, cela ne porte pas à conséquence, mais le diable est dans les détails et l'affectation d'un siège peut en dépendre.

Toujours dans le cadre de la non-expression, avec le vote papier on est obligé de prendre en compte la notion de bulletin nul (ou invalide). Pour un vote électronique, grâce aux preuves *zero-knowledge*, il est possible de garantir qu'un bulletin chiffré contient bien une information correspondant à un bulletin qui suit les règles électorales. Il est d'usage de considérer que, dans un système bien fait, il n'y aura pas de bulletin nul, puisque ceux-ci seront détectés avant d'être insérés dans l'urne virtuelle.

Pour continuer sur le système électoral en lui-même, on peut vouloir choisir ses représentants par tirage au sort, ce qui s'appelle la stochocratie. La Grèce antique la mettait en pratique pour certaines de ses institutions. En France, en 2019, la Convention citoyenne pour le climat a été formée également selon ce principe. Dans cette situation, la question du passage à l'électronique est bien différente de tout ce qui a été évoqué dans ce livre. Toutefois, il serait tout à fait imaginable d'effectuer ce tirage au sort de manière vérifiable par tous, à l'aide des outils cryptographiques listés au chapitre 8.

Beaucoup plus fréquentes, certaines élections suivent des règles qui ne donnent pas à tous les électeurs le même pouvoir. Nous avons déjà évoqué ce principe des votes à poids dans le chapitre 10 sur Belenios, qui permet de les gérer tout en maintenant le secret du vote, ce qui serait difficile à obtenir avec du vote papier. Une variante étonnante nous vient d'une université belge où l'élection du président d'université impliquait des votes dont le poids dépendait du statut de l'électeur (étudiants ou professeurs). Mais la pondération dépendait également du taux de participation de chaque collège, et n'était donc connue qu'une fois le scrutin terminé ! Cette élection a été effectuée de manière électronique, mais le système de vote a dû être adapté pour l'occasion, car les concepteurs n'avaient pas prévu une telle éventualité. En utilisant les propriétés du chiffrement homomorphe, ils ont cependant réussi à maintenir une propriété qu'il aurait été très difficile d'obtenir sans vote électronique : on ne doit pas savoir comment sont répartis les votes par collège. Est-ce que les étudiants ont voté différemment des professeurs ? Ce n'était pas la question posée, et donc il n'y avait pas de raison de révéler cette information.

Ce bref panorama met en lumière que les modes de scrutin les plus populaires en France, car utilisés pour les élections politiques, sont loin d'être les seuls possibles. Ils sont même très loin d'être majoritairement adoptés de par le monde. Il reste que certains d'entre eux sont presque impossibles à dépouiller à la main ; d'autres engendrent beaucoup de bulletins nuls si les électeurs n'ont pas l'aide d'un système informatique lors du vote ; et il arrive que des problèmes de secret du vote soient inhérents à des systèmes de scrutin. Nonobstant les questions de sécurité qui nous ont occupés dans de nombreux chapitres, permettre des modes de scrutin complexes peut constituer une motivation pour le passage au vote électronique.

CHAPITRE 14

Quelles sont les bonnes questions à (se) poser ?

Il est temps de revenir à la question initiale de ce livre : pour ou contre le vote électronique ? Le lecteur l'aura compris, qu'il soit électeur ou organisateur d'un scrutin, nous souhaitons lui renvoyer la question. Ou plus exactement, nous souhaiterions qu'il se pose les bonnes questions liées à ce sujet complexe, afin qu'il puisse se forger une opinion spécifique au cas qui le concerne.

Pourquoi passer au vote électronique ?

La première tâche, lorsqu'on envisage de migrer vers le vote électronique, est de bien analyser les raisons qui poussent dans cette direction.

Commençons par des arguments qui, de notre point de vue, sont de mauvaises raisons. On entend parfois que le but est d'être plus moderne, que le vote papier est « vieillot ». Cela n'est pas un argument en soi. Il faut développer quels sont les aspects qui seront améliorés grâce à cette image plus « moderne ». Très souvent, l'argument qui suit est la lutte contre l'abstention, en particulier chez les jeunes. L'idée est séduisante. La génération qui vit en permanence connectée est une cible naturelle, par ailleurs fortement abstentionniste. Malheureusement, lors de l'introduction à l'étranger de vote par Internet pour des élections politiques, l'effet observé sur l'abstention a été modéré, voire inexistant[1], cela malgré des sondages où les gens affirment, en général, qu'ils seraient plus enclins à participer s'il y avait la possibilité de le faire. L'analyse et la prédiction de l'effet sur l'abstention relèvent de la sociologie ou des sciences politiques, et nous ne sommes pas compétents sur le sujet. Nous mettons, cependant, en garde contre ce qui semble être une fausse bonne idée pour lutter contre l'abstention, au regard des expériences passées.

Un autre argument qui n'est pas vraiment valable, du moins dans le contexte des élections politiques françaises, est l'accélération du dépouillement. En France, les bulletins sont simples, et le dépouillement manuel rapide et peu sujet à erreurs. De plus, grâce aux sondages à la sortie des urnes et sauf en cas de scrutin très serré, les résultats sont connus avant même que le dépouillement ait lieu. N'oublions pas que c'est la loi qui interdit aux médias français de publier les résultats avant l'heure dite, et non pas la durée du dépouillement manuel. Même dans les cas où les élections sont très serrées, la consolidation des résultats ne prend que quelques heures. On est très loin de la situation des présidentielles aux États-Unis où le feuilleton peut durer des semaines après que les électeurs ont voté.

Il existe aussi de bons arguments pour passer au vote électronique, que nous avons, pour la plupart, déjà évoqués.

---

1. Voir les pages 152-153 du rapport suivant, écrit par des collègues belges, et qui résume les effets sur la participation dans divers pays : https://elections.fgov.be/sites/default/files/inline-files/Rapport_volet_1_4Dec2020_Def_F.pdf.

La première raison est d'éviter le déplacement au lieu du vote dans le cas où l'électorat est peu dense géographiquement. Pour que le secret soit garanti au sein d'un bureau de vote, il faut que suffisamment d'électeurs s'y expriment. Mais si, pour grouper une centaine d'électeurs, on est obligé de faire un bureau qui couvre un rayon de plusieurs dizaines ou centaines de kilomètres, on risque de voir la participation s'effondrer. Ainsi, pour les élections non politiques qui concernent un électorat éparpillé géographiquement, le vote électronique peut jouer un rôle et simplifier l'équation insoluble de la mise en place de bureaux de vote, au même titre que le vote par correspondance.

Un autre cas pertinent est celui d'élections à faible enjeu, où l'urne physique ne sera, de toute façon, que très mal surveillée. En effet, il est improbable de réussir à mobiliser au moins deux personnes pendant une demi-journée, voire une journée, pour un scrutin organisé d'après un règlement intérieur ou un texte de loi, mais où il n'y a qu'une seule liste candidate. On se retrouve souvent avec une urne tenue par une seule personne, ne serait-ce que pendant quelques minutes, ce qui suffit amplement pour manipuler le résultat. Dès lors, le passage au vote électronique ne va guère aggraver la situation en termes de sécurité.

Toujours avec cette idée qu'il faut comparer à la situation qu'on remplace, considérons le cas où le vote par correspondance est déjà autorisé, avec toutes ses imperfections aussi bien sur le secret du vote que sur la sincérité du résultat. Alors, le passage à l'électronique peut offrir une amélioration sur plusieurs aspects : délai d'envoi du matériel de vote et des réponses des votants (encore plus s'il s'agit d'élections transfrontalières), sécurité, coûts.

Pour des scrutins de proximité, les tendances liées à la démocratie directe ou à la démocratie participative peuvent souhaiter des consultations plus fréquentes et sur des points plus nombreux.

S'appuyer sur des bureaux de vote physiques n'est plus envisageable. Par ailleurs, dans ce type de consultation, on cherche en général à avoir une image assez fine de l'opinion, et il semble pertinent d'utiliser des scrutins complexes, comme ceux évoqués au chapitre 13. Un support informatique devient rapidement nécessaire pour éviter les erreurs de la part de votants qui créeraient des bulletins invalides, ainsi que pour faciliter le dépouillement.

Le point de vue de l'organisateur

Lorsqu'on envisage d'organiser des élections par Internet, il y a des questions d'ordre juridique à régler. Certains contextes sont peu réglementés, et d'autres peuvent nécessiter des changements dans un règlement intérieur, dans les statuts officiels de l'organisation concernée, voire dans la loi du pays. En France, les recommandations de la CNIL ne font pas loi, mais, dans bien des situations, il est impératif de faire valider la conformité à ces recommandations par une expertise. Nous avons déjà détaillé, au chapitre 7, les objectifs de sécurité associés aux trois niveaux de risque. Ce qui suit concentre les questions qui nous paraissent essentielles et est (heureusement !) en partie redondant avec la vision de la CNIL.

Un premier point est l'évaluation du risque de manipulation du résultat en se posant la question de ce que gagnerait un fraudeur. Les personnes élues par ce vote vont-elles acquérir des bénéfices pour elles-mêmes ou la capacité de favoriser des tiers ? Cette évaluation n'est pas toujours évidente, car même pour des organes consultatifs il peut y avoir des intérêts indirects forts, soit parce que les organes de décision prennent effectivement en compte les avis consultatifs, soit parce qu'avoir des élus dans certaines assemblées donne une visibilité qui est un levier pour d'autres élections.

Il y a des situations où ce risque de manipulation est essentiellement nul ; on pense à des élections où il faut formellement un vote, mais où il y a un quasi-consensus, voire un seul candidat par poste. Mais dès qu'un intérêt suffisant justifie qu'un attaquant soit prêt à dépenser une somme d'argent correspondant à un petit pourcentage des voix exprimées, le risque d'achat de vote apparaît. Or nous avons vu, au chapitre 11, que la conception d'un système permettant de résister à ce risque n'est pas aisée.

Si l'enjeu est plus élevé et que les motivations et les moyens pour manipuler deviennent plus importants, il est indispensable de se poser la question de la vérifiabilité, ou plutôt des différents aspects de la vérifiabilité. Faire une confiance aveugle au prestataire doit être questionné. Supposer que ses serveurs sont bien sécurisés et ne seront pas attaqués n'est raisonnable que jusqu'à un certain niveau de risque. Dans le cas extrême d'une élection à très fort enjeu, se pose finalement la question de l'intégrité de l'ordinateur ou du téléphone de l'électeur. Déployer à grande échelle un logiciel malveillant est loin d'être aisé, surtout si on souhaite que cette infection reste discrète. Mais cela n'est pas à exclure si le retour sur investissement le justifie.

L'autre question principale concerne le secret du vote. L'organisateur doit s'interroger sur les attentes de ses électeurs. Il doit même les devancer et réfléchir à l'attaquant qu'on doit considérer. Il paraît évident de vouloir préserver le secret du vote, au moins vis-à-vis des autres électeurs. Très vite, on veut également se protéger contre les indiscrétions de la part de toutes les personnes concernées par l'élection. Cela inclut les candidats, ainsi que quiconque pourrait leur relayer l'information.

Comme ce dernier point est et restera toujours assez flou (qui est ce « quiconque » ?), dans le cas d'élections où on peut soupçonner une motivation suffisante pour mobiliser quelques moyens, il est préférable de vouloir se protéger du fournisseur de la solution de vote ainsi que de son serveur. C'est un des points sur lequel la CNIL a toujours émis des recommandations très fortes, en demandant que l'intention soit chiffrée directement sur le poste de l'électeur. Et, bien sûr, le serveur auquel ce bulletin est envoyé ne doit pas avoir accès à la clé de déchiffrement. Nous renvoyons aux chapitres 4 et 9 et incitons surtout à ne pas se laisser impressionner par du jargon technique (« Nous utilisons le meilleur niveau de chiffrement avec du AES-256 et du Elgamal-4096 ») quand la vraie question est de savoir qui possède les clés de déchiffrement et comment elles sont générées avant l'ouverture du scrutin, conservées pendant la période de vote, et utilisées lors du dépouillement.

Aller au-delà, et vouloir lutter contre l'espionnage par un Big Brother étatique ou formé de grands groupes industriels est louable. Cela rentre toutefois dans un contexte général où ce Big Brother connaît déjà énormément d'informations sur nous. L'objectif est donc uniquement qu'il n'en apprenne pas plus *via* les élections électroniques auxquelles nous participons.

En filigrane de tout ce qui précède, l'organisateur d'une élection est confronté à des exigences multiples. Certains des électeurs feront probablement pression pour plus de sécurité, quand d'autres insisteront pour un système le plus simple possible. Et, bien sûr, tout cela a un coût financier qui peut être un élément déterminant dans la décision. Il faut trouver le bon compromis adapté au contexte de l'élection.

Notons au passage que, dès qu'on souhaite un niveau de sécurité raisonnablement élevé, le coût du vote électronique n'est pas si faible comparé aux solutions concurrentes, même si le travail d'évaluation de ce coût est difficile et rarement transposable d'une situation à l'autre.

Soyons des électeurs exigeants !

L'électeur constitue le « client final » du système de vote. L'organisateur de l'élection peut tenter de deviner ce que souhaite cet électeur, au moment de rédiger un cahier des charges et de chercher un prestataire qui le remplit au mieux. Mais les retours directs de celui-ci sont essentiels pour faire remonter les attentes réelles.

La première exigence légitime est d'avoir accès à de l'information sur le système utilisé. Il s'agit, malheureusement, d'un des points faibles majeurs des systèmes actuellement proposés en France. On doit souvent se contenter du nom du prestataire et de sa plaquette commerciale qui clame la parfaite sécurité de sa solution en l'agrémentant d'une liste de clients passés. Ce n'est pas une fatalité, comme le montrent les exemples à l'étranger, en Suisse, en Norvège ou en Estonie.

Nous invitons donc les électeurs à requérir auprès de l'organisateur de l'élection le maximum d'informations sur le système employé. Demander qui est le prestataire, bien sûr, mais aussi quel est le niveau de sécurité CNIL qui a été estimé nécessaire pour cette élection, et la communication du rapport d'expertise validant ce niveau de sécurité. Dès le niveau 2, la notion de transparence de l'urne apparaît. C'est le rôle de chaque électeur d'utiliser cette possibilité. On ne le dira jamais assez, la vérifiabilité n'est utile que si les participants effectuent réellement les vérifications. Voici un exemple : si le processus de vote donne lieu à un « reçu », il est légitime de s'interroger sur le sens de ce reçu. S'il contient des informations cryptographiques, en quoi garantissent-elles que le vote est bien pris en compte ? L'organisateur de l'élection pourra transmettre les questions au prestataire.

Une autre question naturelle concerne le secret du vote. L'électeur est en droit de poser la question suivante à l'organisateur : « Qui peut savoir pour qui j'ai voté ? » Si la réponse est « personne », elle est évidemment fausse. Mais, très probablement, la réponse va parler de chiffrement. Il faut alors demander qui possède les clés de déchiffrement et combien de ces tiers de confiance sont nécessaires pour déchiffrer. Pour des élections où on est en droit d'exiger le secret du vote vis-à-vis du prestataire, on peut également demander comment ces clés ont été générées, et ce qui garantit que le prestataire n'est pas lui-même à la source de toutes ces clés.

Le problème est que répondre correctement à toutes ces questions n'est possible qu'en décrivant précisément le fonctionnement du système. On revient donc à notre point de départ : une situation où les prestataires sont frileux quand il s'agit de donner les détails sur leur solution est un problème majeur. Plus nous ferons pression en posant des questions, plus ils seront incités à développer leurs réponses.

Entraînons-nous à toujours questionner

En tant qu'électeurs, nous sommes fréquemment confrontés à des élections sans enjeu, parfois en petit comité. Bien sûr, l'objectif n'est pas de pousser à mettre de la sécurité là où elle n'est pas utile, surtout si cela ajoute un coût en ergonomie pour les organisateurs ou les électeurs. Cependant, c'est l'occasion de s'interroger.

Ainsi, il arrive qu'on utilise des outils de sondage pour des élections plus ou moins improvisées, lors de réunions effectuées en visioconférence. Il est tentant de se dire qu'activer la fonctionnalité d'*anonymat** pour le sondage le transforme en un outil de vote sécurisé. C'est un excellent exercice que de chercher toutes les attaques possibles. Celles-ci vont, évidemment, dépendre de l'outil. Mais, bien souvent, on se retrouve à placer une confiance démesurée en la personne qui a mis en place le sondage. Celle-ci peut-elle suivre les résultats partiels ? Envoyer de mauvais liens ? Revoter à la place des gens ? On se retrouve potentiellement au même niveau de sécurité que si les électeurs envoyaient leur vote en clair à cette personne, qui proclamerait ensuite le résultat. Insistons de nouveau sur le fait que ce n'est pas forcément un problème pour l'élection en question. L'objectif est simplement de réaliser qu'on prend parfois des raccourcis trop risqués.

Un autre contexte où il est intéressant de se poser des questions est le vote papier. Ce n'est pas parce qu'on utilise du papier que c'est sûr. Nous avons déjà évoqué les problèmes liés à la non-surveillance de l'urne et au fait que le secret du vote tient grâce à de nombreux détails qu'il est facile d'oublier, entre autres la similarité entre tous les bulletins et toutes les enveloppes. La participation à des élections organisées dans des contextes moins formels que les grandes élections politiques est l'occasion d'imaginer toutes les possibilités de fraude ouvertes grâce à une ambiance détendue.

Lors d'un vote par correspondance, les questions de sécurité se posent aussi. Parfois, tout repose sur la confiance qu'on a en les personnes qui reçoivent les bulletins. Parfois quelques codes-barres sont présents, ce qui peut améliorer le secret du vote, ou encore protéger partiellement contre le bourrage d'urne. Questionner le processus et la confiance dans les différents intervenants est très enrichissant. En effet, le raisonnement est de même nature que pour analyser le vote électronique, mais sans être encombré par les aspects techniques.

Et pour les présidentielles ?

La CNIL le dit clairement en préambule de ses recommandations : elle déconseille l'utilisation du vote électronique pour des élections politiques, et donc, *a fortiori*, pour les présidentielles, qui constituent l'élection politique à plus fort enjeu en France.

Nous ne pouvons qu'être d'accord avec cet avis. Comme nous l'avons dit au chapitre 7, le niveau 3 de sécurité décrit dans ces recommandations n'est pas suffisant pour des élections à très fort enjeu. Pour les présidentielles, il faudrait requérir un niveau supérieur qui reste à définir.

Le principe du vote à l'isoloir avec une urne transparente jouit d'une excellente réputation. Avant de chercher à le remplacer par du vote par Internet, il faut attentivement analyser les raisons qui pousseraient à le faire. En termes de sécurité, aucun système de vote électronique actuel n'offre les mêmes garanties. Cela n'est pas une fatalité, et il n'y a pas d'impossibilité théorique à ce qu'un tel système voie le jour. Mais on ne peut pas nier qu'aujourd'hui ce n'est pas le cas. Les autres motivations devraient donc être extrêmement fortes pour contrebalancer ce risque de perdre la confiance des citoyens envers leur système de vote. Est-ce que la lutte contre l'abstention est l'argument principal ? Dans ce cas, il serait important de mener des études le plus précises possible sur l'impact attendu, car il ne faut pas confondre la crise de confiance envers le système politique et une supposée désaffection pour le mode de scrutin qui impose de se rendre à un bureau de vote.

Au cours des différents chapitres, nous avons énuméré bon nombre de propriétés de sécurité. Pour chacune d'entre elles, prise isolément, il existe une solution, que cela soit sous la forme d'un article de recherche, d'un prototype de laboratoire, voire d'un système de vote déjà utilisable. La difficulté reste de tout combiner, tout en maintenant un parcours utilisateur qui soit suffisamment simple pour l'électeur. Garantir le secret du vote tout en préservant une certaine notion de transparence est tout à fait réalisable, avec des techniques connues et éprouvées, par exemple avec le protocole Belenios décrit au chapitre 10. Les points qui nous paraissent encore délicats à mettre en œuvre restent la résistance à l'achat de vote, voire à la coercition, l'authentification de l'électeur de manière fiable et robuste, et la résistance contre une éventuelle infection par un logiciel malveillant de la machine utilisée par l'électeur.

Peut-être encore plus importante que ces aspects purement techniques, la manière dont serait organisée une éventuelle transition est déterminante. Il est nécessaire d'avoir une législation exigeante, qui explicite le mieux possible quelles sont les attentes en termes de sécurité, en précisant le modèle de menaces : il est crucial de dire clairement contre qui on souhaite se protéger. Cela doit être discuté et faire consensus. À titre d'illustration : sommes-nous disposés à faire confiance à des instances étatiques comme l'ANSSI[1] ou à des entreprises

1. L'ANSSI est l'Agence nationale de sécurité des systèmes informatiques.

prestataires ? Et surtout, que signifie « faire confiance » ? Sommes-nous prêts à accepter de perdre le secret de notre vote vis-à-vis de ces organisations ? Peuvent-elles modifier le résultat du scrutin, sans que le citoyen s'en rende compte ? Ont-elles la capacité de protéger leurs serveurs contre des attaques, y compris de la part de puissances étrangères ? La Chancellerie fédérale suisse a défini très précisément les réponses à ce type de questions pour la plupart des notions de sécurité et des entités intervenant dans le processus. On peut être ou non d'accord avec ce qui y est décrit, mais ce qui est important, et dont on devrait s'inspirer en France, est cet effort de mettre au clair les exigences, afin que celles-ci soient débattues.

De manière générale, il est utile d'apprendre de l'expérience des autres pays. L'Estonie dispose ainsi d'une notion d'identité numérique établie depuis longtemps et en laquelle les citoyens ont confiance. D'autres pays précurseurs comme la Suisse et la Norvège ont imposé la publication des spécifications complètes du système de vote utilisé, voire du code source des différents éléments logiciels.

À l'heure actuelle, la situation rencontrée en France est très loin d'être satisfaisante pour les élections à forts enjeux : le système de vote n'est pas public et la seule garantie offerte est qu'un expert l'a regardé et validé. S'inspirer des expériences à l'étranger, s'appuyer sur les dernières avancées de la recherche tout en admettant que celles-ci peuvent ne pas être suffisantes, et surtout impliquer les citoyens dans le débat : voilà les éléments qui nous paraissent indispensables pour des élections riches de sens.

Glossaire

Achat de vote. Proposition d'argent ou de gratification pour qu'un électeur vote comme on le lui demande. Le procédé est plus effectif si l'acheteur peut obtenir une preuve de ce vote.

Anonymat. Faculté à effectuer certaines actions sans rien révéler sur son identité. Appliqué directement au vote, le terme est trop vague ; voir *Secret du vote.* De manière générale, l'anonymat est une notion délicate à définir et garantir en pratique.

Attaquant. Terme générique désignant une entité qui souhaite enfreindre une propriété de sécurité, par exemple fausser le résultat d'un scrutin ou découvrir le vote d'électeurs.

Attaque à l'italienne. Technique permettant d'acheter un vote ou de faire voter sous la contrainte. Ainsi, lorsque le bulletin présente de nombreux choix, l'attaquant demande à l'électeur de le renseigner d'une manière identifiable au dépouillement. Voir le chapitre 4.

Auditeur. Acteur chargé de vérifier que le processus de vote se déroule correctement. En général, il ne travaille pas sur des données secrètes. Dans certains protocoles, les propriétés de sécurité ne sont garanties qu'en présence d'auditeurs.

Autorité de déchiffrement. Entité possédant un secret (une clé cryptographique) lui permettant de participer au dépouillement. Le secret du vote des électeurs n'est garanti que si au moins une autorité est honnête (ou un seuil d'autorités défini à l'avance).

Belenios. Système de vote dont les auteurs du livre sont coconcepteurs. Évidemment le meilleur système du monde. Voir le chapitre 10, pour une description plus objective.

Blockchain. Registre électronique et décentralisé dans lequel ce qui est écrit ne peut plus jamais être effacé. Cette propriété est obtenue grâce à des algorithmes de consensus où les participants ont une incitation à se comporter honnêtement. Cette incitation est, en général, de nature financière, grâce à une cryptomonnaie associée. Parmi les plus célèbres blockchains, on peut citer Bitcoin, Ethereum, Ripple, Tezos.

Chiffrement (aussi appelé cryptage). Transformation d'une donnée écrite en clair, typiquement le choix de l'électeur, en une chaîne de caractères, en apparence aléatoire. Seule la possession de la clé de déchiffrement permet de retrouver la donnée initiale. En vote électronique, on utilise surtout du chiffrement asymétrique, qui ne requiert que des données publiques, la clé de déchiffrement restant privée. Voir aussi l'encadré « 101 sortes de chiffrement », page 135.

Clé privée, clé secrète. Donnée secrète permettant d'effectuer une opération cryptographique : soit un déchiffrement, soit une signature. Cette clé ne doit pas tomber aux mains de l'attaquant, sous peine de compromettre le secret du vote ou l'intégrité du scrutin. Pour plus de sécurité, on peut répartir le secret entre plusieurs entités.

Clé publique. Donnée publique permettant à quiconque d'effectuer une opération cryptographique : soit un chiffrement, soit une vérification de signature. Chaque clé publique est associée à une entité qui possède la clé privée correspondante.

CNIL. Commission nationale de l'informatique et des libertés. Organisation française chargée des questions de vie privée en lien avec l'informatique. Ses recommandations sur le vote électronique jouent un rôle très important en France. Voir le chapitre 7.

Coercition. Action de contraindre un électeur à voter comme on le lui demande, en le menaçant de représailles s'il n'obtempère pas. Comme pour l'achat de vote, cela fonctionne mieux si l'électeur peut prouver pour qui il a voté.

Empreinte. Suite de caractères assez courte, souvent appelée haché, faisant office d'empreinte digitale d'un document potentiellement très long. Le principe est que tout le monde peut calculer l'empreinte d'un document, mais qu'il est impossible en pratique pour quiconque de produire deux documents distincts ayant la même empreinte.

Hébergeur. Entreprise possédant des parcs de serveurs informatiques, sur lesquels d'autres entreprises clientes peuvent faire tourner leurs applications. Ces hébergeurs sont spécialisés dans la fourniture de services robustes, redondants et nécessitant beaucoup de ressources. Certains aspects de sécurité peuvent être pris en charge directement par l'hébergeur.

Jugement majoritaire. Système de vote où les électeurs donnent leur avis sur chaque candidat. Le candidat qui obtient les meilleures notes gagne. Plutôt que d'utiliser la note moyenne, le jugement majoritaire préfère s'appuyer sur une notion voisine, la médiane.

Machine à voter. Ordinateur destiné à faciliter les opérations des électeurs ou le dépouillement, dans les bureaux de vote. Très utilisées aux États-Unis, où les bulletins de vote sont complexes, ces machines à voter sont de plus en plus munies d'une imprimante pour produire un bulletin papier qui ira dans une urne traditionnelle, afin de contrôler que le dépouillement électronique se passe correctement.

Méthode de Condorcet. Système de vote où les électeurs classent les candidats. Si un candidat est préféré à tout autre par une majorité, il est alors élu. Sans quoi, on doit procéder selon un critère plus complexe.

Prestataire. Entreprise vendant une solution de vote électronique.

Preuve zero-knowledge. Procédé consistant à démontrer qu'on s'est comporté conformément aux règles, sans pour autant révéler ses données secrètes.

Pseudonyme. Faux nom ou numéro utilisé en remplacement de l'identité d'une personne. C'est un premier pas vers l'anonymat, loin d'être suffisant.

Redevabilité. Capacité d'une entité à rendre des comptes. En cas de problème, elle doit être en mesure de prouver son innocence. Inversement, si elle s'est mal comportée, on doit pouvoir prouver sa culpabilité.

Secret du vote. Garantie que nul ne peut savoir qui a voté quoi. La notion est plus subtile qu'il n'y paraît car certaines situations, comme l'unanimité, brisent le secret du vote. Voir le chapitre 4.

Serveur. Ordinateur connecté à Internet, en charge de recevoir les requêtes des électeurs et de les traiter. Il s'agit d'une machine très exposée à d'éventuelles attaques. Son rôle principal est de recueillir les bulletins chiffrés et de les envoyer tels quels dans une urne virtuelle, en mettant à jour la liste d'émargement. Le serveur ne possède pas lui-même les clés de déchiffrement nécessaires au dépouillement.

Signature. Suite de caractères assez courte, faisant office de signature numérique. Une entité souhaitant produire une telle signature doit posséder la clé secrète correspondant à la clé publique qui permet à tout le monde de vérifier les signatures.

Spécification. Description du protocole de vote, avec un niveau de détail suffisant pour que les experts puissent analyser celui-ci et évaluer sa sécurité. Rendre les spécifications publiques est une étape quasi incontournable pour obtenir les propriétés de vérifiabilité.

STV (*single transferable vote*). Système de vote où les électeurs classent les candidats. Après un unique passage à l'urne, on effectue un dépouillement qui simule un scrutin en plusieurs tours, avec un candidat sélectionné ou éliminé à chaque tour.

Vérifiabilité.

Garantie que le résultat du scrutin reflète exactement les votes exprimés. Cette propriété se décompose en quatre notions (voir le chapitre 5) :

- *Vérifiabilité individuelle :* les électeurs peuvent vérifier que leur bulletin est bien présent dans l'urne dépouillée en fin de scrutin.
- *Vérifiabilité de l'intention :* les électeurs ont la garantie que le choix qu'ils ont exprimé, via l'interface graphique, est bien celui qui est dans leur bulletin chiffré.
- *Vérifiabilité universelle :* tout le monde peut contrôler que le résultat proclamé correspond à l'urne.
- *Vérifiabilité de la légitimité :* tout le monde peut contrôler que tous les bulletins de l'urne proviennent d'électeurs légitimes.

Bibliographie

De nombreuses références sont disponibles en ligne. Il suffit de les rechercher à l'aide de son moteur de recherche favori.

Pour poursuivre la lecture

Nous proposons ici quelques documents qui permettront d'aller plus loin sur le sujet du vote électronique ou de la sécurité informatique en général. Certains d'entre eux ne sont malheureusement disponibles qu'en anglais.

Une source récurrente de références est la conférence *E-Vote-ID*, qui se tient, en général, en Autriche (https://e-vote-id.org/). Elle rassemble chaque année des spécialistes du vote électronique du monde académique, politique, gouvernemental et industriel. Il s'agit d'un forum où de nombreux aspects du vote électronique sont abordés : études sociologiques, procédés cryptographiques, questions juridiques, attaques pratiques, etc.

Abadi M. (2011). *La Sécurité informatique. Leçons inaugurales au Collège de France*, chaire « Informatique et sciences numériques », Collège de France.

Balinski M., Laraki R. (2011). *Majority Judgement : Measuring Ranking and Electing*, MIT Press.

Bernhard M., Benaloh J., Halderman J. A., Rivest R. L., Ryan P. Y. A., Stark P. B., Teague V., Vora P. L., Wallach D. S. (2017). « Public evidence from secret ballots », *in International Conference for Electronic Voting* (E-Vote-ID'17), Springer.

Berry G. (2015). *Prouver les programmes. Pourquoi, quand, comment ?*, cycle de cours du Collège de France, chaire « Algorithmes, machines et langages » du Collège de France.

Delaune S. (2016). *La Vérification formelle appliquée aux protocoles cryptographiques*, séminaire au Collège de France, 6 avril 2016.

Gollmann D. (2011). *Computer Security*, Wiley.

Hao F., Ryan P. Y. A. (2016). *Real-World Electronic Voting : Design, Analysis and Deployment*, CRC Press.

Menezes A., Van Oorschot P., Vanstone S. (1997). *Handbook of Applied Cryptography*, CRC Press.

Rivest R. (2011). *Security of Voting Systems*, séminaire au Collège de France, 23 mars 2011.

Schneier B. (2001). *Cryptographie appliquée*, Vuibert.

Stern J. (1998). *La Science du secret*, Odile Jacob.

Références techniques

Les articles scientifiques cités ensuite ont été regroupés par thématique pour faciliter la lecture. La plupart d'entre eux sont très techniques et difficilement abordables sans expertise préalable.

SYSTÈMES DE VOTE

Adida B. (2008). « Helios : Web-based open-audit voting », *in 17th conference on Security symposium (SS'08)*, USENIX Association.

Benaloh J. (2021). *Election guard specification 1.0.* (https://www.electionguard.vote/ et https://www.electionguard.vote/overview/Roadmap/#2021-roadmap).

Benaloh J., Ryan P. Y. A., Teague V. (2013). « Verifiable postal voting », *in Security Protocols XXI - 21st International Workshop*, Springer.

Chaum D. (2001). « Surevote : Technical overview », *in Workshop on Trustworthy Elections (WOTE'01)*.

Clarkson M. R., Chong S., Myers A. C. (2008). « Civitas : Toward a secure voting system », *in 29th IEEE Symposium on Security and Privacy (S&P'08)*.

Cortier V., Gaudry P., Glondu S. (2019). *Belenios : A Simple Private and Verifiable Electronic Voting System*, Springer International Publishing.

Haenni R., Koenig R. E., Locher P., Dubuis E. (2017). *CHVote Protocol Specification*, Cryptology ePrint Archive, Report 2017/325.

Hirschi L., Schmid L., Basin D. (2021). « Fixing the Achilles heel of e-voting : The bulletin board », *in 34th IEEE Computer Security Foundations Symposium (CSF21)*.

Juels A., Catalano D., Jakobsson M. (2005). « Coercion-resistant electronic elections », *in Workshop on Privacy in the Electronic Society (WPES'05)*.

Küsters R., Müller J., Scapin E., Truderung T. (2016). « sElect : A lightweight verifiable remote voting system », *in 29th IEEE Computer Security Foundations Symposium (CSF'16)*, IEEE Computer Society.

Ryan P. Y. A., Rønne P. B., Iovino V. (2016). « Selene : Voting with transparent verifiability and coercion-mitigation », *in Financial Cryptography and Data Security (FC'16)*.

Stark P. B. (2010). « Super-simple simultaneous single-ballot risk-limiting audits », *in Electronic Voting Technology Workshop / Workshop on Trustworthy Elections (EVT/WOTE'10)*, USENIX Association.

ATTAQUES

Cortier V., Smyth B. (2013). « Attacking and fixing Helios : An analysis of ballot secrecy », *Journal of Computer Security*.

Feldman A., Halderman A., Felten E. (2007). « Security analysis of the Diebold AccuVote-TS voting machine », *in USENIX/ACCURATE Electronic Voting Technology Workshop (EVT'07)*.

Gaudry P., Golovnev A. (2020). « Breaking the encryption scheme of the Moscow internet voting system », *in Financial Cryptography and Data Security (FC'10)*, Springer.

Haines T., Lewis S. J., Pereira O., Teague V. (2020). « How not to prove your election outcome », *in IEEE Symposium on Security and Privacy (S&P'20).*

Pereira O. (2019). *Nouvelles faiblesses dans sVote*, article de blog (https://decryptage.be/2019/03/svote-fs/).

Wolchok S., Wustrow E., Isabel D., Halderman J. A. (2012). « Attacking the Washington, D.C. internet voting system », *in Financial Cryptography and Data Security (FC'12)*, Springer.

DÉFINIR LA SÉCURITÉ

Basin D. A., Radomirovic S., Schmid L. (2020). « Dispute resolution in voting », *in 33rd IEEE Computer Security Foundations Symposium (CSF'20).*

Bernhard D., Cortier V., Galindo D., Pereira O., Warinschi B. (2015). « A comprehensive analysis of game-based ballot privacy definitions », *in 36th IEEE Symposium on Security and Privacy (S&P'15).*

Chevallier-Mames B., Fouque P., Pointcheval D., Stern J., Traoré J. (2010). « On some incompatible properties of voting schemes », *in Towards Trustworthy Elections, New Directions in Electronic Voting*, Springer.

Cortier V., Galindo D., Küsters R., Müller J., Truderung T. (2016). « SoK : Verifiability notions for e-voting protocols », *in 36th IEEE Symposium on Security and Privacy (S&P'16).*

Cortier V., Lallemand J. (2018). « Voting : You can't have privacy without individual verifiability », *in 25th ACM Conference on Computer and Communications Security (CCS'18).*

Cortier V., Lallemand J., Warinschi B. (2020). « Fifty shades of ballot privacy : Privacy against a malicious board », *in 33rd IEEE Computer Security Foundations Symposium (CSF'20).*

Delaune S., Kremer S., Ryan M. D. (2009). « Verifying privacy-type properties of electronic voting protocols », *Journal of Computer Security.*

Kremer S., Ryan M. D., Smyth B. (2010). « Election verifiability in electronic voting protocols », *in 15th European Symposium on Research in Computer Security (ESORICS'10)*, Springer.

Küsters R., Truderung T., Vogt A. (2010). « Accountability : Definition and relationship to verifiability », *in 17th ACM Conference on Computer and Communications Security (CCS'10).*

PROUVER LES PROTOCOLES DE VOTE

Baloglu S., Bursuc S., Mauw S., Pang J. (2021). « Election verifiability revisited : Automated security proofs and attacks on Helios and Belenios », *in 34th IEEE Computer Security Foundations Symposium (CSF 2021).*

Bernhard D., Cortier V., Gaudry P., Turuani M., Warinschi B. (2018). *Verifiability Analysis of CHVote*, Cryptology ePrint Archive, Report 2018/1052.

Blanchet B. (2013). « Automatic verification of security protocols in the symbolic model : The verifier ProVerif », *in Foundations of Security Analysis and Design (FOSAD'13)*, Springer.

Cortier V., Galindo D., Turuani M. (2018). « A formal analysis of the Neuchâtel e-voting protocol », *in 3rd IEEE European Symposium on Security and Privacy (EuroSP'18).*

Cortier V., Kremer S. (2014). « Formal models and techniques for analyzing security protocols : A tutorial », *Foundations and Trends in Programming Languages.*

ASPECTS SOCIOLOGIQUES

Killer C., Stiller B. (2019). « The Swiss postal voting process and its system and security analysis », *in 4th International Joint Conference on Electronic Voting (E-Vote-ID'19)*, Springer.

Marky K., Kulyk O., Renaud K., Volkamer M. (2018). « What did I really vote for ? », *in ACM Conference on Human Factors in Computing Systems (CHI'18).*

Ottoboni K., Stark P. B. (2019). « Election integrity and electronic voting machines in 2018 Georgia, USA », *in 4th International Joint Conference on Electronic Voting (E-Vote-ID'19)*, Springer.

Pilet J.-B., Preneel P. B., Erzeel S., Pereira O., Sbaraglia F., Tibbaut A., Carpent X., Dandoy R. (2020). *Étude sur la possibilité d'introduire le vote Internet en Belgique*, Technical Report, Service public fédéral Intérieur (Belgique).

Solvak M., Krimmer R. (2019). « The curse of knowledge ? Does having more technology skills lead to less trust towards ivoting ? », *in 4th International Joint Conference on Electronic Voting (E-Vote-ID'19).*

Remerciements

La genèse de cet ouvrage remonte à loin. Depuis quelques années, nous nous interrogions sur le meilleur moyen de transmettre nos idées à un public plus vaste que le milieu académique ou industriel. De posts de blog en podcasts, de tables rondes en interviews dans les médias, nous sommes devenus conscients de la nécessité d'un format plus long. Mais écrire un livre était une aventure inconnue pour nous deux, trop impressionnante pour que nous nous lancions spontanément. La proposition de Gérard Berry de rédiger un volume de la collection qu'il dirige chez Odile Jacob est donc tombée à point nommé. C'est avec enthousiasme que nous avons accepté son offre.

Gérard Berry mérite nos remerciements à plus d'un titre. En sus d'être à l'origine du projet, il a toujours été disponible pour nos questions de forme ou de fond. Acceptant nos inévitables délais, nous relançant gentiment quand cela lui semblait nécessaire, il nous a en permanence soutenus. Nous lui sommes redevables pour les discussions initiales sur l'angle général et la structuration, puis, un peu plus tard, pour sa relecture attentive, lors de laquelle il a relevé de nombreuses pistes d'améliorations. Et, pour finir, il nous fait l'honneur de préfacer cet ouvrage. En deux mots, merci infiniment !

Stéphane Glondu se trouve également lié à l'élaboration de ce livre. Depuis une dizaine d'années que nous travaillons ensemble, entre autres sur le projet Belenios, nos fréquents échanges se sont montrés particulièrement fructueux. Tous les sujets évoqués dans le livre y sont passés. Collègue, compère, complice, Stéphane a contribué à la construction de notre réflexion, voire de nos opinions, que nous avons regroupées ici. Il nous a par ailleurs offert une relecture attentive. Qu'il en soit remercié !

Nos équipes de recherche respectives, Pesto et Caramba, au sein du laboratoire LORIA de Nancy, modèles du genre, nous ont procuré un environnement idéal. Des collègues brillants y travaillent avec sérieux, enthousiasme et bonne humeur. Leur soutien et leurs encouragements ont été pleinement appréciés. Merci à tous ! Parmi eux, une mention spéciale revient à Steve Kremer. Spécialiste du vote électronique, il a subi la lecture du premier jet de nos tout premiers chapitres… Vulgariser, c'est mentir un peu. Son opinion, quant au fait que nous ne dénaturions pas le propos par d'excessives simplifications, nous a rassurés. Ses conseils, à la suite de sa relecture finale, ont été précieux.

Toujours dans le cadre professionnel, nombreuses sont les personnes, du milieu académique, industriel ou gouvernemental, avec lesquelles nous avons échangé ces dernières années. Les points de vue variés, parfois contradictoires, ont enrichi notre vision.

Donc, alors, bien sûr, malheureusement, par exemple… Les lecteurs ont certainement remarqué notre propension à utiliser de manière inconsidérée ces mots. Sachez que cela aurait pu être bien pire ! La relecture méticuleuse et patiente de Danièle a considérablement amélioré la première version du manuscrit. Un grand merci à Danièle pour cela.

Enfin, nous tenons à dire notre gratitude à nos familles pour leur soutien tout au long de cette aventure. Merci, en particulier, à nos conjoints, Émilie et Frédéric, et également à nos filles, Clotilde et Margot, illustratrices en herbe, qui, par leurs dessins, auront rendu notre propos, parfois sévère, plus souriant.

Table

Cet ouvrage a été composé
en Adobe Garamond Pro
par FACOMPO
à Lisieux (Calvados).

Achevé d'imprimer par Dupli-Print
à Domont (95) en mai 2022

N° d'éditeur : 4150-0220-X - N° d'impression : 2022040831
Dépôt légal : mai 2022

Imprimé en France